中国保险保障基金制度研究与实践丛书
CHINA INSURANCE SECURITY FUND SYSTEM'S RESEARCH AND PRACTICE SERIES

保险保障基金费率及救济范围与标准研究

RESEARCH ON COLLECTION RATE OF THE INSURANCE SECURITY FUND & RELIEF COVERAGE AND STANDARD OF THE FUND

主　编◎任建国
副主编◎易　诚　张　强　魏竹勇
　　　　张忠良　周伏平

中国金融出版社

责任编辑：丁　芊
责任校对：孙　蕊
责任印制：程　颖

图书在版编目（CIP）数据

保险保障基金费率及救济范围与标准研究（Baoxian Baozhang Jijin Feilü ji Jiuji Fanwei yu Biaozhun Yanjiu）/任建国主编．—北京：中国金融出版社，2017.8

（中国保险保障基金制度研究与实践丛书）

ISBN 978-7-5049-9096-9

Ⅰ.①保… Ⅱ.①任… Ⅲ.①社会保险基金—集资—研究—中国②社会保障基金—集资—研究—中国 Ⅳ.①F842.61②F832.21

中国版本图书馆 CIP 数据核字（2017）第 171558 号

出版
发行　中国金融出版社

社址　北京市丰台区益泽路 2 号
市场开发部　（010）63266347，63805472，63439533（传真）
网上书店　http://www.chinafph.com
　　　　　（010）63286832，63365686（传真）
读者服务部　（010）66070833，62568380
邮编　100071
经销　新华书店
印刷　北京市松源印刷有限公司
尺寸　169 毫米×239 毫米
印张　14
字数　198 千
版次　2017 年 8 月第 1 版
印次　2017 年 8 月第 1 次印刷
定价　42.00 元
ISBN 978-7-5049-9096-9
如出现印装错误本社负责调换　联系电话（010）63263947

序

党中央、国务院历来高度重视金融风险防控。习近平总书记强调，金融安全是国家安全的重要组成部分，是经济平稳健康发展的重要基础。维护金融安全，是关系我国经济社会发展全局的一件带有战略性、根本性的大事。要把防控金融风险放到更加重要的位置，强化统筹协调，及时弥补监管短板，坚决治理市场乱象，提升金融服务实体经济的质量和水平。保险业作为金融业的重要组成部分，要以高度的政治自觉，站在坚持总体国家安全观的政治高度，深刻认识维护金融安全的极端重要性，全面提升新形势下金融工作的能力，任重而道远。

党的十八大以来，保险业牢牢把握服务供给侧结构性改革和脱贫攻坚战略两大主线，实现了持续较快增长，保障能力不断增强，服务实体经济能力不断提升。同时，我们也要清醒地认识到，当前金融工作面临的国内外形势依然错综复杂，不稳定、不确定性因素并未减少，经济稳定运行的基础仍然不够牢固，一些困难和矛盾在金融领域会继续有所反映，保险业仍然面临多重因素共振、多种风险交织的复杂局面。保险监管系统应坚定不移强化监管，坚决果断治理乱象，坚持不断完善制度，坚决守住不发生系统性风险底线，维护整个金融体系的稳健安全运行。

保险是经营风险的特殊行业，为了防范和化解自身面临的各种风险，保险保障基金制度作为一种内生机制应运而生。我国保险保障基金是指按照《保险法》和《保险保障基金管理办法》规定，由保险公司缴纳，全行业集中管理，在保险公司被依法撤销或者依法实施破产，其清算财产不足以偿付保单持有人利益时，以及中国保监会经商有关部门认定保险公司存在重大风险，可能严重危及社会公共利益和金融稳定的情形下，统筹用于救助保单持有人、保单受让公司或者处置保险业风险的行业风险救助基金。

我国保险保障基金制度历经二十多年的发展，基金规模不断增长，管理体制逐步完善，保障功能日益增强。特别是2008年保险保障基金实施了公司化改制，经国务院批准设立的中国保险保障基金有限责任公司（简称"中保基金公司"），依据中国保监会、财政部、中国人民银行颁布的《保险保障基金管理办法》，负责保险保障基金的筹集、管理和运作，始终坚持以"为监管服务、为行业健康发展服务、为保险消费者服务"为发展方向，通过市场化、专业化的管理和运作，努力成为行业风险的识别器和预警器、风险公司的起搏器和灭火器、行业健康发展的稳定器和助推器。中保基金公司通过实施做优基金管理平台、做实风险监测平台、做精风险处置平台、开拓延伸服务功能"四位一体"的发展战略，各项业务都取得了较快发展，保障基金制度的行业风险屏障作用逐渐显现。经过多年努力，公司业务稳步开展，2016年底基金规模接近千亿元。通过在实践中不断摸索，公司形成了符合保险行业和保障基金实际的发展路径和经验做法。当前，保险监管系统切实坚持"保险业姓保、保监会姓监"，坚决守住不发生系统性风险底线，整治保险市场乱象，补齐监管和行业短板，更好地支持实体经济，筑牢保险业稳定健康发展的根基，而保险保障基金作为保险监管的一部分和保险行业风险的最后一道防线，理当把握大势，做好本职，服务大局。

近年来，中保基金公司紧紧围绕基金制度建设和公司改革发展核心任务，整合各方力量，以问题为导向，以课题为载体，在借鉴他山之石和总结实践经验的基础上，形成了一系列专题研究报告，提出了富有前瞻性、针对性的政策建议，并适时以"中国保险保障基金制度研究与实践丛书"的形式出版，既有助于加强保险保障基金制度功能作用的宣传，又有助于吸引专家、学者等业内外人士关注保险保障基金事业，对进一步完善保险保障基金制度具有积极的意义。中保基金公司将持之以恒、再接再厉，为促进行业健康发展、筑牢行业风险底线作出更大的贡献。

任建国

2017年6月

保险保障基金筹集费率比较研究

前言 ………………………………………………………………… 3
第一章 保险保障基金筹集费率制度概况 …………………………… 5
  第一节 现行的保险保障基金筹集费率制度 ………………………… 5
  第二节 现行的保险保障基金筹集费率制度存在的问题 ………… 6
第二章 保险保障基金风险费率制度经验研究 …………………… 8
  第一节 风险费率制度研究的现实意义 …………………………… 8
  第二节 风险费率制度的相关研究 ………………………………… 10
  第三节 风险费率制度的境外经验 ………………………………… 14
  第四节 金融业保障基金筹集风险费率制度经验 ………………… 33
第三章 保险保障基金筹集费率制度框架设计 …………………… 38
  第一节 目标基金规模 ……………………………………………… 39
  第二节 风险费率结构和水平的设立原则 ………………………… 43
第四章 我国保险保障基金目标基金规模研究 …………………… 46
  第一节 目标基金规模确定方法境外经验借鉴 …………………… 47
  第二节 我国目标基金规模确定方法建议 ………………………… 54
第五章 我国保险保障基金风险费率结构和水平研究 …………… 57
  第一节 风险费率定价方法说明 …………………………………… 57
  第二节 我国风险费率定价方法建议 ……………………………… 60
  第三节 风险费率结构和水平的其他问题考虑 …………………… 70
第六章 我国风险费率制度方案测算及展望 ……………………… 72
  第一节 测算数据和假设说明 ……………………………………… 72
  第二节 目标基金比率和行业平均费率水平测算 ………………… 73

第三节 风险费率结构和水平测算结果 ………………………… 77
第四节 结论与展望 ……………………………………………… 84
附表 …………………………………………………………………… 86
附件 …………………………………………………………………… 103
参考文献 ……………………………………………………………… 130

保险保障基金救济范围与标准研究

前言 …………………………………………………………………… 135
第一章 绪论 ………………………………………………………… 136
  第一节 研究背景与目的 ………………………………………… 136
  第二节 研究内容 ………………………………………………… 140
  第三节 研究方法 ………………………………………………… 140
  第四节 研究步骤 ………………………………………………… 141
  第五节 研究限制 ………………………………………………… 141
第二章 境外保险保障基金救济范围与标准 ……………………… 142
  第一节 美国 ……………………………………………………… 142
  第二节 加拿大 …………………………………………………… 154
  第三节 英国 ……………………………………………………… 157
  第四节 日本 ……………………………………………………… 160
  第五节 中国台湾 ………………………………………………… 165
  第六节 新加坡 …………………………………………………… 168
  第七节 马来西亚 ………………………………………………… 169
  第八节 各国（地区）救济范围与标准比较分析 ……………… 171
第三章 现行救济范围与标准存在的问题 ………………………… 179
  第一节 数据测算情况 …………………………………………… 179
  第二节 现行救济范围与标准的特点 …………………………… 182
  第三节 几点思考 ………………………………………………… 183
第四章 我国保险保障基金救济范围与标准模型搭建 …………… 185
  第一节 数据测算逻辑 …………………………………………… 185

第二节　数据测算 …………………………………………… 189
第五章　几种测试结果的比较分析 ……………………………… 201
　　第一节　财产险救济标准测试结果 …………………………… 201
　　第二节　寿险救济标准测试结果 ……………………………… 204
第六章　结论 ……………………………………………………… 209
　　第一节　关于救济范围 ………………………………………… 209
　　第二节　关于救济标准 ………………………………………… 212
　　第三节　法规条文修订建议 …………………………………… 215

中国保险保障基金制度研究与实践丛书

保险保障基金筹集费率比较研究

前　言

保险保障基金是在问题保险公司出现重大风险，或被实施破产清算时，用于救助保单持有人、保单受让公司或处置保险业风险的非政府性行业风险救助基金，以保障保单持有人利益和维护保险业稳健经营。

根据保险保障基金费率设定条件是否考虑保险公司不同的风险状况，保险保障基金的费率制度可分为单一费率制度和风险费率制度。采用单一费率制征收保险保障基金，即不区分保险公司的风险水平，不考虑保险公司的规模大小、资产实力和偿付能力水平，实行统一的费率水平。这种基金筹集方式尽管简单易懂、便于操作，但与保险公司的风险状况不匹配，容易导致逆向选择和道德风险。采用风险费率制征收保险保障基金，即基金筹集费率水平同保险公司的风险正相关，内部控制和风险管理较好的公司，费率水平较低。这种基金筹集方式较为公平，同时在一定程度上激励保险公司加强风险控制。但该方法的运用受到风险费率计算的复杂性、风险指标选取的困难性等条件的限制。综观各国的实践经验，风险费率法是未来的趋势。

本研究对保险保障基金筹集费率制度进行了研究，以风险费率制度为重点，对费率制度中涉及的相关问题进行探讨。与费率制度相关的问题很多，包括费率征收的时点、征收基础、费率结构、费率水平、基金筹集限额、保险保障救助时点、救助方式、保障范围、保障的额度等。本研究共分六章：第一章对我国现行保险保障基金单一费率制度进行总结分析，并从基金规模、征收基础、征收范围等方面阐述现行费率制度存在的问题。第二章研究风险费率制度的现实意义，对风险费率制度的相关理论进行探讨，并介绍了国内外风险制度设计体系。第三章、第四章、第五章在借鉴国际经验的基础上，提出了我国保险保障基金筹集费率制度的设计框架和思路，对基金规模和费率结构进行研究，通过构建的模型进行数据测算，并对测算结果进行分析。第六章对我国保险保障基金实施风险费率提出了可行的建议。

本研究对国内外的保险保障基金筹集费率制度进行了研究，主要以国内外行业监管的法律法规、书籍、年报、学术研究论文等资料作为研究对象，并进行归纳整理，提出适合我国保险保障基金的费率制度。由于国外资料的来源有限，同时受语言差异的限制，我们对国外制度的理解或存在偏差，本书的研究成果有待进一步探讨。

第一章
保险保障基金筹集费率制度概况

第一节 现行的保险保障基金筹集费率制度

2008年9月,中国保监会、财政部、中国人民银行共同颁布的《保险保障基金管理办法》(以下简称《办法》)第十四条规定:"保险公司应当按照下列规定,对经营的财产保险业务或者人身保险业务缴纳保险保障基金,缴纳保险保障基金的保险业务纳入保险保障基金救助范围:(一)非投资型财产保险按照保费收入的0.8%缴纳,投资型财产保险,有保证收益的,按照业务收入的0.08%缴纳,无保证收益的,按照业务收入的0.05%缴纳;(二)有保证收益的人寿保险按照业务收入的0.15%缴纳,无保证收益的人寿保险按照业务收入的0.05%缴纳;(三)短期健康保险按照保费收入的0.8%缴纳,长期健康保险按照保费收入的0.15%缴纳;(四)非投资型意外伤害保险按照保费收入的0.8%缴纳,投资型意外伤害保险,有保证收益的,按照业务收入的0.08%缴纳,无保证收益的,按照业务收入的0.05%缴纳。"

《办法》第十五条规定:"保险公司应当及时、足额将保险保障基金缴纳到保险保障基金公司的专门账户,有下列情形之一的,可以暂停缴纳:(一)财产保险公司的保险保障基金余额达到公司总资产6%的;(二)人身保险公司的保险保障基金余额达到公司总资产1%的。"同时,第十五条还规定:"保险公司的保险保障基金余额减少或者总资产增加,其保险保障基金余额占总资产比例不能满足前款要求的,应当自动恢复缴纳保险保障基金。"

目前，我国的保险保障基金的征收方式为事前征收，即在保险公司破产前按上述规定定期缴纳，以应对未来可能发生的保险公司无偿付能力的事件。同时还规定，当保险公司缴纳基金余额达到本公司总资产的一定比例，可以暂停缴纳。《办法》第十条规定："为依法救助保单持有人和保单受让公司、处置保险业风险的需要，经中国保监会商有关部门制定融资方案并报国务院批准后，保险保障基金公司可以多种形式融资。"虽然该规定为保险保障基金公司事后融资提供了法律依据，但是，《保险法》和《办法》中均没有明确规定融资目的、用途、条件、融资手段和渠道等。

第二节　现行的保险保障基金筹集费率制度存在的问题

一、基金规模和风险不匹配

截至2015年底，产险、寿险实际基金比率（基金余额占产险、寿险行业总资产的比例）分别为2.6%和0.3%，与现行制度下的产险、寿险的目标基金比率6%和1%相距甚远。同时，我们在基于对未来最优估计假设的测算结果显示，采用现行的征费水平，很难在一个合理的时间（如国际经验10年）内达到目标基金规模。因此，实际基金比率与现行制度下的目标基金比率的差异将长期存在。

同时，截至2015年底，产险、寿险基金规模仅为453亿元和291亿元，与其面临的行业风险匹配不佳。2015年，产险、寿险的规模保费分别为10251亿元和23695亿元；截至2015年底，产险、寿险的资产规模分别为18481亿元和99325亿元。长期以来，寿险行业的资产规模和保费收入都比财险高出很多，但由于寿险保障基金收缴费率过低，导致寿险保障基金规模远小于财险保障基金规模，形成基金规模和险种规模不匹配、结构不合理，降低了基金维护行业稳定的使用效率。

二、征收基础难以校验

保险保障基金以"规模保费"作为征收基础。保险公司年度财务审计报告中披露的保费收入数据为原保费收入。原保费收入不包括保单未通过重大保险风险测试部分的保费收入。保险保障基金公司难以确认保险公司上报的作为征收基础的规模保费的准确性。

三、征收范围存在争议

投资型产品是否纳入征收范围以及如何征收问题，一直存在争议。投资型产品由投保人自行承担投资风险，同时，保险公司进行独立核算。考虑到保险保障基金制度是保险行业防范化解风险的一项重要的市场化救助机制，对于投资型产品是否纳入保障范围还有待探讨。

四、中短存续期产品征费率与其面临的风险不匹配

近年来，很多以规模为导向的保险公司通过大量销售中短存续期产品快速获得现金流。中短存续期产品期限短、客户回报率高，经营中短存续期产品对保险公司的投资收益率要求很高，很容易发生现金流风险。在现行单一费率制度下，前述高现价产品未单独设定费率水平，未能反映其面临的风险。

第二章
保险保障基金风险费率制度经验研究

第一节 风险费率制度研究的现实意义

《保险保障基金管理办法》规定我国保险保障基金筹集采用单一费率制度。随着保险市场环境的变化和监管技术的发展，单一费率制度将逐渐向风险费率制度转变。

一、单一费率制度的缺陷

单一费率制度计算简单、可操作性强且易于管理，因此也更容易被保险公司理解和接受，在保险业发展的初期起到了较好基金筹集和稳定市场的作用。但是，单一的费率制度由于存在着明显的缺陷，而饱受行业诟病：

第一，单一费率制度容易导致逆向选择和产生道德风险。风险较高的保险公司，因受到同样的保障，可能会以更高的成本获得保费。

第二，单一费率制度存在不公平。所有的保险公司缴纳统一的保费，导致那些风险管理能力强的保险公司对风险管理弱的保险公司进行补贴。

欲解决单一费率制度容易产生道德风险和有失公平的问题，保险保障基金制度可以由当前的单一费率制度转向风险费率制度。

二、风险费率制度的优势

风险费率制度根据保险公司的风险状况的不同，实施不同的基金筹集费率水平，风险高的保险公司适用较高的费率水平，反之，适用较低的费率水平。

从保险公司的角度来看，风险费率制度鼓励保险公司加强风险管理能力，控制或降低风险。同时，风险费率制度体现保险保障基金的公平原则。那些偿付能力充足率高、经营状况好的保险公司不再补贴风险管理能力弱、经营状况差的保险公司。

从保险保障基金管理机构角度来看，风险费率制度有利于保险保障基金管理机构加强对保险公司风险的监督，能更早地发现保险公司存在的问题，尽早介入，将风险处置成本最小化。

从以上分析我们看到，风险费率制度能够克服单一费率制度的道德风险和有失公平问题。但是，风险费率制度本身也有很多不足，要设计出适合我国当前的保险市场环境和技术条件的风险费率制度，需要进一步研究和探讨。

第一，风险费率制度比较复杂，在保险保障基金建立初期，技术上比较难以实现。

第二，风险费率制度可能加剧保险市场的不稳定性。风险管理制度加速保险市场上的优胜劣汰。风险大的保险公司缴纳更高的保险保障基金，加剧其财务负担，不利于长期持续的经营和发展。

第三，风险费率制度管理和运行成本较高。对保险保障基金公司来说，需要频繁进行现场检查和非现场检查以获得保险公司更多的风险信息；对于保险公司而言，需要在系统、人力等方面投入更多的资源。

三、客观形势发展的需要

总体来说，保险市场实行退出机制势在必行，是保险业优胜劣汰、健康发展的必然选择。而以基金筹集费率制度为核心的保险保障基金制度是建立市场退出机制的基础和前提。

从保险业整体发展来看，在保险业新"国十条"的支持下，一批中小保险公司纷纷成立，中小保险公司数量的不断增加或将加大保险企业经营不善、破产清算的可能性。

从保险风险来看，费率市场化改革使得保险业竞争加剧，中小保险公司为了获得市场份额，依靠"长险短做"快速获得现金流。保险市场上中小保险公司的退保风险和流动性风险不断积聚。

从投资风险来看，随着投资渠道的放宽，投资品种增加，很多中小保险公司为了用利差来弥补费差，资金越来越多投资于高风险的项目，以获得更高的收益，导致投资风险上行。

四、外部条件助力基金筹集费率机制改革

首先，"偿二代"为建立风险费率机制提供了良好的前提条件。"偿二代"以风险为导向对保险公司进行管理，要求保险公司进行风险综合评级，促进保险公司提高内部控制和风险管理水平，为保险保障基金风险费率水平的确定提供了可靠的方法和依据。

其次，基金筹集费率机制改革可以借鉴《存款保险条例》、《证券投资者保护基金管理办法》等相关制度的思路。在同一市场环境下，类似制度中的基金规模、费率水平等的确定方法和原则，均有较强的借鉴意义。

综上所述，在当前的市场环境下，对风险费率制度的研究具有较强的现实意义。保险业的一系列改革和发展现状促使保险保障基金风险费率制度的建立被提上日程，相关技术手段的创新也使得实施风险费率制度具有可操作性。

第二节 风险费率制度的相关研究

一、IFIGS 报告：保险保障基金制度的基金来源原则

在国际保险保障基金论坛（International Forum of Insurance Guarantee Schemes, IFIGS）第二届第一次执行委员会会议上，IFIGS 工作小组对第一篇报告"Principles of Funding for an Insurance Guarantee Scheme"的初步结论进行汇报，报告的重点如下：

（一）保险保障基金制度的关系人

包括：保户、受益人；保险业（保险公司倒闭会影响保险业声誉）；

政府与监管机构（被认为必须对保险业健全负起责任）。

（二）保险保障基金制度收取资金的原因

保险保障基金制度（Insurance Guarantee Schemes，IGS）收取资金是为了应对保险公司在经营不善时，其资产不足以抵偿负债的情况。IGS 筹措资金的方式依其支付金额和时限而定，如以财务救助和管理救助的方式处理问题保险公司，所采用的资金筹集方式就不同。

（三）满足流动性需求

处理问题保险公司期间，保险公司必须为有效保单提供保障，而且处理问题保险公司不具流动性的资产需要时间，也要考虑到资本市场的交易情况（如 2008 年某些债券几乎没有市场交易）和法律限制等，这些都需要资金支援。

（四）基金计提方式

基金计提方式怎样最合适并没有一个完美的、科学的方法，但可以将应对最坏情况所需要的成本作为一个思考的方向。最坏的状况通常极少发生，但发生后的冲击非常大，也就是所谓的尾部事件（Tail Events），它发生的概率可能是 100 年或 200 年一次，也可能是单独一家大规模保险公司或多家中型保险公司经营出现问题。

（五）资金提供者的公平性

资金提供者的公平性要予以考虑，如资金由保险公司股东或保户来承担、公司规模和负担金额的比例、保单类型、公司经营风险差异等，都可能纳入基金筹集制度的考量之中。

（六）基金筹集制度不能引发保险公司倒闭的连锁效应

IGS 不能成为保险业系统风险的来源，安排不当的计提方式可能会把高风险公司的风险传递到低风险公司。要降低这个风险，可以限制事后计提的额度（分年计提而非一次提足），采取事前计提制，或由政府提供紧急资金。

（七）基金计提制度应考虑保险保障基金制度本身的营运费用

不论是否发生保险公司退出事件，IGS 都有其存在的必要并应发挥作用。IGS 在日常营运时即应提醒社会大众和保险业经营风险的存在，监督保险公司的清偿能力风险，模拟保险公司经营不善的情景和研究退出方案，等等。

（八）监管机构的态度

监管机构对经营不善的保险公司干预的时间点会影响 IGS 需要筹集资金的额度。监管机构在保险公司资本不足时就启动救助计划，或者等到保险公司已经出现严重亏损时才启动退出机制，结果大不相同。正常而言，监管机构在保险公司资本不足时就介入，比等到清偿能力严重不足时才介入更好。经营状况严重时介入，通常会发现实际状况比表面看得到的状况还要恶化，很多原来不在监管机构预期内或被保险公司隐藏的问题都会呈现出来。

（九）事前计提制度与事后计提制度的比较

事前计提制度的优点有：（1）当保险公司经营不善时，有一笔立即可使用的资金，提供了稳定的流动性。（2）尤其是大保险公司出问题时，这笔事前计提的资金就很重要，这也为相关权益人提供了保障。（3）保险公司出现风险事件时，常设的 IGS 人员可以立即着手处理该保险公司退场。（4）在保险公司经营良好时收费，对保险公司的资金压力较小。保险公司失去清偿能力通常是在经济不景气的时候，事后计提制会在此时对其他保险公司造成资金压力，产生倒闭传染效应。（5）事前计提制平常即向保险公司收取资金，事后计提制则只向经营健全的保险公司收取资金，因此，事前计提制更为公平。

事后计提制的优点有：（1）IGS 的资金只有在出现保险失去清偿能力时才需要，平常时期由保险公司而非 IGS 管理这些资金，可以取得更高的资金回报率，提高了资金运用的效率。（2）事后计提制可以免除平常时期不必要的 IGS 营运成本。（3）依个案处理成本收取资金，用多少收多少，可以减少与资金计提者的沟通问题。

事前计提制和事后计提制各有优缺点，无法判断两者孰优孰劣，因此要采取哪一种计提方式，各国有其自身因素的考量，许多国家采取混合制。

二、欧盟执行委员会提出的关于欧洲保险保障机制提案

欧盟执行委员会提出的关于欧洲保险保障机制提案中提到，适当的收

费非常重要，保险保障基金征收机制应考虑以下因素：

第一，征收时点可分为事前征收和事后征收。事前征收的优点是避免道德风险和经济周期的副作用，可以通过风险费率的征收方式强化保险行业和保险公司的风险防控。但事前征收的管理成本较高，且资金规模通常不会太大，有可能不足以支付处理问题保险公司所需的成本。

第二，事后征收的运作成本较低，收取的费用也符合处理问题保险公司的成本，但容易产生道德风险，且可能无法及时筹措足够的资金支付给保单持有人，会加强经济周期对保险公司的影响，不利于保险行业平稳健康发展。

第三，保险保障基金制度应设定适当的基金规模上限，欧盟执行委员会成员曾评估不同的选项，例如以保费收入的1.2%为资金上限，如果在十年内收取，则每年的费率为保费收入的0.12%。资金规模的设定基础，可以考虑保费收入、责任准备金或保单数量。为了减轻保险公司退出市场时资金不足的风险，也可考虑引进外部信用评级等措施。

第四，被保险人需分担部分损失，包括对于补偿设定金额或比例上限，或设自负额等。

当一家保险公司失去清偿能力时，保险保障机制通常有两种处理方式：

一是资产负债转移给其他保险公司，或由保险保障基金接受破产保险公司的资产负债。

二是仅针对保单持有人的损失进行补偿。

第一种方式特别适用于寿险业，因为其负债多为长期保单且不易被新保单取代。

三、IADI存款保险制度核心原则

国际存款保险机构（IADI）阐述存款保险制度的核心原则时提到，存款保险制度无论是采取事前征收（Ex Ante Funding）还是事后征收（Ex Post Funding）或者混合征收（Hybrid Funding）的方式累积基金，在实施风险费率制度时，其计算标准应对所有投保机构公开。存款保险机构应具有足够的资源,以妥善执行和管理风险费率制度。

第三节　风险费率制度的境外经验

从境外实践经验来看,在保险保障基金制度建立初期,通常实行单一费率制度。单一费率制度适用于保险技术不够成熟、信息披露不够完全的市场。相比之下,风险费率制度尽管运行复杂,实施成本较高,但能够发挥较好的正向激励作用,是我国未来的发展趋势。在我们研究的国家和地区中,德国、韩国、中国台湾、马来西亚、新加坡五个国家或地区已经实行保险保障基金风险费率制度(见表2-1)。但受资料所限,无法得知新加坡保险保障基金风险费率制度的相关细节。因此,我们将重点介绍德国、韩国、中国台湾和马来西亚四个国家或地区的保险保障基金风险费率制度。

表2-1　　　　　　　　费率制度模式汇总

序号	国家/地区	征收方式/费率制度
1	中国	单一费率制度
2	中国台湾	风险费率制度(2014年7月1日起实施)
3	中国香港	单一费率制度
4	新加坡	风险费率制度(2011年实施)
5	日本	单一费率制度
6	美国(NAIC)	单一费率制度
6	纽约	单一费率制度
7	加拿大	单一费率制度
8	英国	单一费率制度
9	澳大利亚	单一费率制度
10	德国	风险费率制度
11	马来西亚	风险费率制度(2013年实施)
12	韩国	风险费率制度(2014年实施)

第二章 保险保障基金风险费率制度经验研究

一、德国

德国仅有寿险保险保障基金和私人医疗保险保障基金。寿险业每年计提的保险保障基金总金额是总体寿险业净责任准备金的0.02%，计提金额上限为基金余额达到总体寿险业净责任准备金的0.1%。各家寿险公司每年计提的金额根据其准备金占总寿险准备金的比率计提，并依据各家寿险公司不同的风险状况做调整。风险调整的步骤分为两个阶段：

第一阶段：对于投资型保险产品或其他风险由保户承担的保险产品，予以25%的减额。

第二阶段：依据各寿险公司偿付能力充足率进行风险调整，公司按该比率区分为三类，分别为：低度风险寿险公司，其风险系数为0.75；中度风险寿险公司，根据各公司偿付能力充足率，风险系数为0.75~1.25；高度风险寿险公司，风险系数为1.25。计算各公司的风险加权费率计算公式，分为五个步骤：

步骤一：各寿险公司依据偿付能力充足率由小到大进行排序，并列明各自的净责任准备金。

步骤二：寿险公司分组。

- 计算寿险业总净责任准备金；
- 低度风险寿险公司：累计的净责任准备金至少超过寿险业总净责任准备金的20%；
- 高度风险寿险公司：累计的净责任准备金至少超过寿险业总净责任准备金的20%；
- 除低度风险公司和高度风险公司，其他均为中度风险公司。

步骤三：计算风险系数。

- 低度风险寿险公司：风险系数0.75；
- 高度风险寿险公司：风险系数1.25；
- 中度风险寿险公司：风险系数 $= 1.25 - \dfrac{\left(\dfrac{偿付能力}{充足率} - \dfrac{最差偿付}{能力充足率}\right)}{2 \times \left(\dfrac{最佳偿付}{能力充足率} - \dfrac{最差偿付}{能力充足率}\right)}$。

步骤四：调整风险系数，以保证所有寿险公司每年计提的保险保障基金总金额为寿险业的 0.02%。

- 各寿险公司调整前计提金额 = 净责任准备金 × 风险系数 × 计提比例 0.02%；
- 调整前总计提金额 = 各寿险公司调整前计提金额之和；
- 实际总计提金额 = 寿险业总准备金 × 计提比例 0.02%；
- 调整系数 = 实际总计提金额/调整前总计提金额。

步骤五：计算调整后计提金额。

- 各寿险公司调整后计提金额 = 各寿险公司调整前计提金额 × 调整系数。

计算示例如表 2-2 所示。

表 2-2　　　　　　　德国风险费率制度计算示例

公司	偿付能力充足率	净准备金	20%高度风险公司累计净准备金	20%低度风险公司累计净准备金	风险调整前费率水平	风险系数	调整前计提金额	调整系数	最终计提金额
	(1)	(2)	(3)	(4)	(5)	(6)	(7) = (2) × (5) × (6)	(8)	(9) = (7) × (8)
公司1	60	500	500		0.02%	1.25	0.125	1.02	0.128
公司2	70	300	800		0.02%	1.25	0.075	1.02	0.077
公司3	80	200	1000		0.02%	1.25	0.050	1.02	0.051
公司4	90	400	1400		0.02%	1.25	0.100	1.02	0.102
公司5	100	900	2300		0.02%	1.25	0.225	1.02	0.230
公司6	110	150			0.02%	1.21	0.036	1.02	0.037
公司7	120	50			0.02%	1.17	0.012	1.02	0.012
公司8	130	250			0.02%	1.13	0.057	1.02	0.058
公司9	140	150			0.02%	1.10	0.033	1.02	0.034
公司10	150	450			0.02%	1.06	0.095	1.02	0.097
公司11	160	600			0.02%	1.02	0.122	1.02	0.125
公司12	170	800			0.02%	0.98	0.157	1.02	0.160
公司13	180	650			0.02%	0.94	0.123	1.02	0.125

续表

公司	偿付能力充足率	净准备金	20%高度风险公司累计净准备金	20%低度风险公司累计净准备金	风险调整前费率水平	风险系数	调整前计提金额	调整系数	最终计提金额
	(1)	(2)	(3)	(4)	(5)	(6)	(7) = (2) × (5) × (6)	(8)	(9) = (7) × (8)
公司 14	190	300			0.02%	0.90	0.054	1.02	0.055
公司 15	200	200			0.02%	0.87	0.035		0.035
公司 16	210	1500			0.02%	0.83	0.248	1.02	0.253
公司 17	220	50			0.02%	0.79	0.008		0.008
公司 18	230	500		2100	0.02%	0.75	0.075	1.02	0.077
公司 19	240	1000		1600	0.02%	0.75	0.150	1.02	0.153
公司 20	250	600		600	0.02%	0.75	0.090	1.02	0.092

注：(3) 列：高度风险公司，累计净责任准备金至少达到行业净准备金 9550 的 20%，即 9550×20%=1910；

(4) 列：低度风险公司，累计净责任准备金至少达到行业净准备金 9550 的 20%，即 9550×20%=1910；

(8) 列：调整系数＝行业实际需要计提金额，即 9550×0.02%/调整前总计提金额；

(9) 列：各寿险公司累计的最终计提金额＝行业净准备金 9550×0.02%，即所有寿险公司每年计提的保险保障基金总金额为寿险业的 0.02%。

德国保险保障基金筹集风险费率制度细节，请参见附件1。

二、韩国

1995 年 12 月，韩国制定了《存款人保障法案》（Depositor Protection Act，DPA），建立了存款保险制度的法律基础。1996 年 6 月，韩国成立了存款保险公司（KDIC），标志着韩国存款保险机制正式建立。KDIC 的保险对象有银行、保险公司、投资买卖业者、投资中介业者、综合金融公司和相互储蓄银行。

为鼓励成员公司建立健全有效的管理措施，避免道德风险，保证征收费率的公平性，韩国于 2009 年修订了《存款人保障法案》及其执行法令，明确从 2014 年起，所有金融机构需按照风险水平缴费，风险费率的浮动范围在原标准费率的 10% 以内。KDIC 针对会员机构有三类评估方法，详见表 2-3。

表 2-3　　KDIC 针对会员机构的风险费率制度三类评估方法

序号	种类	目标	评估方法	适用费率
1	模型评估	除第 2 种、第 3 种情形外的金融机构	按照满分 100 分进行评估，结果分为 1~3 级	按照相应等级适用费率
2	特别制定费率	只需要缴纳少量会费的金融机构（当期缴纳保费总额少于 1000 万韩元的投保机构、新设立机构、担保公司等机构）	不需要风险评估	参照相应等级适用费率
3	非等级评估	问题金融机构或者已采取限制性措施的金融机构	不需要风险评估	单独确定的较高费率

模型评估如表 2-4 所示。

表 2-4　　KDIC 风险费率制度模型评估

评估模型	评价项目	评价指标
基础评估部分（80 分）	危机管理能力	资本充足性和流动性指标
	审慎管理能力	资产质量指标
	损失恢复能力	盈利能力指标
补充评估部分（20 分）	财务风险管理	补充基础评估的指标
	非财务风险管理	风险事件发生率

模型中的基础评估部分如表 2-5 所示。

表 2-5　　KDIC 风险费率制度模型基础评估

种类	指标		分数
危机管理	偿付能力比率	资本和风险资本比率	40
	修正的偿付能力比率	修正的资本和风险资本比率	
	流动比率	流动资产和 3 个月内平均保险资金比率	
审慎管理	风险加权资产比率	风险加权资产和总资产比率	20
	最低资本比率	最低资本和规定资本比率	
恢复能力	保费贡献比率	净利润和总保费比率	20
	保单流失比率	新老保单的流失比率	

第二章 保险保障基金风险费率制度经验研究

对于模型中补充评估部分的财务风险指标，通常选取能够衡量风险事项和财务管理环境变化的指标；非财务风险指标包括财务事件发生率、监管当局的限制行为、金融纠纷、消费者保护行为的充足性、会计核算的透明度和其他非财务风险指标，每发生一次不良事件，将从总分中扣除相应分数。

运用模型计算评估结果分三个步骤，如下示例：

第一步，按照指标和风险等级的正向或反向比例关系，如果计算结果达到或超过指标的临界值（最大或最小），得到的分数将为100分或0分；当计算结果介于最大或最小临界值之间时，可运用线性插值公式计算出相应得分（如表2-6所示）。

表2-6　　KDIC风险费率制度风险指标和阈值

	与管理风险关联的指标	计算结果（V）	最小临界值（MIN）	最大临界值（MAX）	得分（S）
指标和风险呈反向变动关系	指标A（反向）	195%	120%（如果计算结果更低，则得分为0）	220%（如果计算结果更高，则得分为100）	（V-MIN）×100/（MAX-MIN）=75%
指标和风险呈正向变动关系	指标B（正向）	4%	3%（如果计算结果更低，则得分为0）	7%（如果计算结果更高，则得分为100）	（MAX-V）×100/（MAX-MIN）=75%

第二步，用该指标得分乘以所赋权重后相加，得到该指标种类得分。

第三步，将各指标种类得分相加后得到基础评估部分的得分，同时计算非财务风险指标得分（如表2-7所示）。

表2-7　　KDIC风险费率制度模型综合评分

区间	种类	指标	计算结果（A）	权重（B）	种类得分 ∑（A×B/100）
基础评估部分（80分）	危机管理（40）	偿付能力比率	90	20	30.5
		修正的偿付能力比率	50	10	
		流动比率	75	10	
	审慎管理（20）	风险加权资产比率	85	10	18
		最低资本比率	95	10	
	恢复能力（20）	保费贡献比率	90	10	18
		保单流失比率	90	10	

续表

区间	种类	指标	计算结果（A）	权重（B）	种类得分 $\sum (A \times B/100)$
补充评估部分（20分）	财务风险管理（10）	指标Ⅰ	80	5	8.5
		指标Ⅱ	90	5	
	非财务风险管理（10）	监管当局的限制行为	−1	10	8
		财务事件发生率	−0.5		
		金融纠纷	−0.5		
		消费者保护行为的充足性	−0		
		会计核算的透明度	−0		
		其他非财务风险指标	−0		
		总分			83

按照评分结果，会员机构将被划分到相应等级，每个等级的评估费率（相对现行的标准费率）如表2-8所示。

表2-8　　　　　　KDIC风险费率制度下的费率水平　　　　　单位:%

等级	过渡期		适用期		
	2014—2015年	2016年	2017—2018年	2019—2020年	2021年以后
等级一	−5	−5	−5	−5	−5
等级二	0	0	0	0	0
等级三	+1	+2.5	+5	+7	+10

起初，等级之间的区别将被定义到最小，在经历三年的软着陆后，等级之间的差距将会逐渐拉大。在这个过程中，KDIC也会综合考虑金融行业的意见和维持收费的稳定，不断调整运用评估模型。

考虑到实体经济和金融环境的变化，如果大部分会员机构被评估为相同的等级，适用相同的风险费率，存款保险委员会可以在差别费率评估结果的基础上通过决议调整级别或者费率，此举是为了避免金融机构在整体经营困难的条件下支付额外的费用。

依据韩国《存款人保障法案》30-2的规定，不允许金融机构公布风险费率的差别情况，也不能以此进行宣传。KDIC也未向消费者公布或披露金融机构风险费率的分布情况。

对于已在接管状态的保险公司是否可以免除或减少其风险保费问题，在 KDIC 运作框架下，可以通过存款保险委员会的决议，免除或减少风险保费。

KDIC 对保险保障基金设定了目标规模。当基金余额达到目标限额的最低水平时，征收的保障基金可以减少；当基金余额达到目标限额的最高水平时，将不再征收或返还保障基金。这种机制可以确保保险保障基金的健全，也可以减轻保险公司的负担，同时可以提升保障基金成本支出预测的准确性。韩国于 2012 年实施目标基金制度（Target Fund System），2012 年寿险业即免除计提基金，2013 年减收寿险业 45% 的基金、产险业 7% 的基金。

三、中国台湾

台湾地区财团法人保险安定基金的设立基于保险业者为求市场安定，共同集资以互助精神寻求金融的安定，保障投保人、被保险人及受益人的基本权益，受台湾地区"金融监督管理委员会"管理。保险安定基金充分发挥了金融安全网的功能，从 1992 年以来，台湾地区保险市场经营风险已得到显著改善。长期而言，差别提拨率的实施，符合差异化精神，能有效引导保险公司降低经营风险，并建立良好的风险管理及内部控制制度。从 2014 年 7 月 1 日起，"金融监督管理委员会"开始实施修正后的"人身保险及财产保险安定基金计提标准"。

"人身保险及财产保险安定基金计提标准"修订的重点是，自 2014 年 7 月 1 日起，人身保险及财产保险安定基金应以总保费收入为基础，并按"资本适足率"及"经营管理绩效指标"两个风险指标核算的差别提拨率计提。台湾地区保险安定基金差别提拨率制度架构如图 2-1 所示，采用二维矩阵法评估定量准则。

1. 资本适足率指标

资本适足率指标衡量保险公司的资本充足性和偿债能力。根据资本适足率计算结果，各保险公司被划分成五个等级，如表 2-9 所示。

		经营管理绩效指标				
得分	资本适足率	M1	M1	M2	M3	M4
		M1	M2	M2	M3	M4
		M2	M2	M3	M4	M5
		M3	M3	M4	M5	M6
		M5	M5	M5	M6	M6

	类别	人身保险指标		类别	财产保险指标
指标	风险管理	流动性贴水		风险管理	自留综合率
		利差率指标			风控长与风险管理委员会
		风控长与内部风险模型			精算人员人数
					年度签证精算报告评等
	财务结构	财务杠杆比率		财务结构	财务杠杆比率
	业务指标	保单初年度等价保费占初年度保费比例		业务指标	自留保费变动率
		保单死亡保险平均保额			微型保险保费收入
		微型保险保费收入			金融进口替代指标
		金融进口替代指标			
	法令遵循	法遵指标		法令遵循	法遵指标

图2-1 中国台湾地区风险费率制度下的二维矩阵评估模型

表2-9 资本适足率指标

资本适足率计算结果	级别
资本适足率≥300%	第一级
300% > 资本适足率≥250%	第二级
250% > 资本适足率≥200%	第三级
200% > 资本适足率≥150%	第四级
150% > 资本适足率	第五级

2. 经营管理绩效指标

经营管理绩效指标衡量保险公司的经营业绩和财务状况。保险安定基金采用风险管理、财务结构、指标业务、法令遵循四类共九项指标，对保险公司进行评价。人身保险安定基金经营管理绩效指标评分内容及权重如表2-10所示。

表 2-10　　　　　　　人身险经营管理绩效指标

类别	指标项目	指标权重
风险管理	流动性贴水	10%
	利差率指标	10%
	风控长与内部风险模型	10%
财务结构	财务杠杆比率	20%
业务指标	保单初年度等价保费占初年度保费比例	7%
	保单死亡保险平均保额	7%
	微型保险保费收入	8%
	金融进口替代指标	8%
法令遵循	法遵指标	20%

财产保险安定基金经营管理绩效指标的个别指标项目与人身保险有所不同，具体如表 2-11 所示。

表 2-11　　　　　　　财产险经营管理绩效指标

类别	指标项目	指标权重
风险管理	自留综合率	15%
	风控长与风险管理委员会	10%
	精算人员人数	10%
	年度签证精算报告评等	5%
财务结构	财务杠杆比率	20%
业务指标	自留保费变动率	6%
	微型保险保费收入	7%
	金融进口替代指标	7%
法令遵循	法遵指标	20%

各保险公司经营管理绩效指标的最终得分等于各评价指标的得分与指标对应权重的加权平均值，并决定保险公司的等级。其中，经营管理绩效指标的具体说明和计算方法请参见附件2。

经营管理绩效指标分为第一级至第五级，共五级，具体如表 2-12 所示。

表 2-12　　　　　　　经营管理绩效指标评价结果

经营绩效指标计算结果	级别
1.0≤各指标评等之加权平均值<1.5	第一级
1.5≤各指标评等之加权平均值<2.5	第二级
2.5≤各指标评等之加权平均值<3.5	第三级
3.5≤各指标评等之加权平均值<4.5	第四级
4.5≤各指标评等之加权平均值≤5.0	第五级

3. 提拨率二维矩阵

在矩阵法下，矩阵的纵轴以资本适足率评估，根据资本适足率水平将保险公司分为五个等级；矩阵的横轴以经营管理绩效指标评估，根据各指标的评分和权重计算的加权平均值将保险公司分为五个等级。提拨率即由资本适足率及经营管理绩效指标评价结果分布区间构成的二维矩阵决定，将提拨率分为六级。

人身保险保障基金提拨率矩阵中的费率水平在实施期间的前四个年度均不同，且呈现逐渐增长的趋势，具体如表 2-13 所示。我们认为，在风险费率制度实施初期，人身保险保障基金的累计基金规模与目标基金规模差异较大，需通过逐步提高差别费率水平达到预期的目标。

表 2-13　台湾地区人身保险安定基金提拨率二维矩阵（第一年）

经营绩效指标＼资本适足率	第一级	第二级	第三级	第四级	第五级
第一级 资本适足率≥300%	第一级提拨率 0.113%	第一级提拨率 0.113%	第二级提拨率 0.123%	第三级提拨率 0.13%	第四级提拨率 0.143%
第二级 300%＞资本适足率≥250%	第一级提拨率 0.113%	第二级提拨率 0.123%	第二级提拨率 0.123%	第三级提拨率 0.13%	第四级提拨率 0.143%

续表

经营绩效 \ 指标资本适足率	第一级	第二级	第三级	第四级	第五级
第三级 250% > 资本适足率 ≥ 200%	第二级提拨率 0.123%	第二级提拨率 0.123%	第三级提拨率 0.13%	第四级提拨率 0.143%	第五级提拨率 0.158%
第四级 200% > 资本适足率 ≥ 150%	第三级提拨率 0.13%	第三级提拨率 0.13%	第四级提拨率 0.143%	第五级提拨率 0.158%	第六级提拨率 0.175%
第五级 150% > 资本适足率	第五级提拨率 0.158%	第五级提拨率 0.158%	第五级提拨率 0.158%	第六级提拨率 0.175%	第六级提拨率 0.175%

表2–14　台湾地区人身保险安定基金提拨率二维矩阵（第二年）

经营绩效 \ 指标资本适足率	第一级	第二级	第三级	第四级	第五级
第一级 资本适足率 ≥ 300%	第一级提拨率 0.125%	第一级提拨率 0.125%	第二级提拨率 0.145%	第三级提拨率 0.16%	第四级提拨率 0.185%
第二级 300% > 资本适足率 ≥ 250%	第一级提拨率 0.125%	第二级提拨率 0.145%	第二级提拨率 0.145%	第三级提拨率 0.16%	第四级提拨率 0.185%
第三级 250% > 资本适足率 ≥ 200%	第二级提拨率 0.145%	第二级提拨率 0.145%	第三级提拨率 0.16%	第四级提拨率 0.185%	第五级提拨率 0.215%
第四级 200% > 资本适足率 ≥ 150%	第三级提拨率 0.16%	第三级提拨率 0.16%	第四级提拨率 0.185%	第五级提拨率 0.215%	第六级提拨率 0.25%
第五级 150% > 资本适足率	第五级提拨率 0.215%	第五级提拨率 0.215%	第五级提拨率 0.215%	第六级提拨率 0.25%	第六级提拨率 0.25%

表 2-15　台湾地区人身保险安定基金提拨率二维矩阵（第三年）

指标资本适足率＼经营绩效	第一级	第二级	第三级	第四级	第五级
第一级 资本适足率≥300%	第一级提拨率 0.138%	第一级提拨率 0.138%	第二级提拨率 0.168%	第三级提拨率 0.19%	第四级提拨率 0.228%
第二级 300%＞资本适足率≥250%	第一级提拨率 0.138%	第二级提拨率 0.168%	第二级提拨率 0.168%	第三级提拨率 0.19%	第四级提拨率 0.228%
第三级 250%＞资本适足率≥200%	第二级提拨率 0.168%	第二级提拨率 0.168%	第三级提拨率 0.19%	第四级提拨率 0.228%	第五级提拨率 0.273%
第四级 200%＞资本适足率≥150%	第三级提拨率 0.19%	第三级提拨率 0.19%	第四级提拨率 0.228%	第五级提拨率 0.273%	第六级提拨率 0.325%
第五级 150%＞资本适足率	第五级提拨率 0.273%	第五级提拨率 0.273%	第五级提拨率 0.273%	第六级提拨率 0.325%	第六级提拨率 0.325%

表 2-16　台湾地区人身保险安定基金提拨率二维矩阵（第四年）

指标资本适足率＼经营绩效	第一级	第二级	第三级	第四级	第五级
第一级 资本适足率≥300%	第一级提拨率 0.15%	第一级提拨率 0.15%	第二级提拨率 0.19%	第三级提拨率 0.22%	第四级提拨率 0.27%
第二级 300%＞资本适足率≥250%	第一级提拨率 0.15%	第二级提拨率 0.19%	第二级提拨率 0.19%	第三级提拨率 0.22%	第四级提拨率 0.27%
第三级 250%＞资本适足率≥200%	第二级提拨率 0.19%	第二级提拨率 0.19%	第三级提拨率 0.22%	第四级提拨率 0.27%	第五级提拨率 0.33%

续表

经营绩效指标\资本适足率	第一级	第二级	第三级	第四级	第五级
第四级 200%＞资本适足率≥150%	第三级提拨率 0.22%	第三级提拨率 0.22%	第四级提拨率 0.27%	第五级提拨率 0.33%	第六级提拨率 0.4%
第五级 150%＞资本适足率	第五级提拨率 0.33%	第五级提拨率 0.33%	第五级提拨率 0.33%	第六级提拨率 0.4%	第六级提拨率 0.4%

相比人身保险保障基金，财产保险保障基金提拨率矩阵中的费率水平在实施期间保持一致。具体如表2-17所示。

表2-17　　　　　　　　财产险风险费率水平

经营绩效指标\资本适足率	第一级	第二级	第三级	第四级	第五级
第一级 资本适足率≥300%	第一级提拨率 0.18%	第一级提拨率 0.18%	第二级提拨率 0.2%	第三级提拨率 0.23%	第四级提拨率 0.27%
第二级 300%＞资本适足率≥250%	第一级提拨率 0.18%	第二级提拨率 0.2%	第二级提拨率 0.2%	第三级提拨率 0.23%	第四级提拨率 0.27%
第三级 250%＞资本适足率≥200%	第二级提拨率 0.2%	第二级提拨率 0.2%	第三级提拨率 0.23%	第四级提拨率 0.27%	第五级提拨率 0.32%
第四级 200%＞资本适足率≥150%	第三级提拨率 0.23%	第三级提拨率 0.23%	第四级提拨率 0.27%	第五级提拨率 0.32%	第六级提拨率 0.38%
第五级 150%＞资本适足率	第五级提拨率 0.32%	第五级提拨率 0.32%	第五级提拨率 0.32%	第六级提拨率 0.38%	第六级提拨率 0.38%

4. 提拨率

台湾地区保险安定基金的六级提拨率从 2014 年 7 月 1 日起生效,具体如表 2-18 所示。其中,人身保险安定基金的第一年至第四年的提拨率逐渐增长,第四年之后的提拨率同第四年。

保险公司应付的年度保险安定基金等于按照保险公司归类为各组别的提拨率乘以征费基础。其中,征费基础以经会计师审计后的总保费收入为基础进行计算。特别指出的是,新成立的保险公司尚无风险指标,其提拨率等级适用第三级;经台湾地区"金融监督管理委员会"依法监管及接管的保险公司适用最高提拨率等级。

表 2-18　　　　　台湾地区人身保险安定基金实施第一年至第四年及以后年度的提拨率

等级实施年度 \ 提拨率	第一级	第二级	第三级	第四级	第五级	第六级
第一年	0.113%	0.123%	0.130%	0.143%	0.158%	0.175%
第二年	0.125%	0.145%	0.160%	0.185%	0.215%	0.250%
第三年	0.138%	0.168%	0.190%	0.228%	0.273%	0.325%
第四年及以后年度	0.150%	0.190%	0.220%	0.270%	0.330%	0.400%

表 2-19　　　　　台湾地区财产保险安定基金提拨率

提拨率等级	第一级	第二级	第三级	第四级	第五级	第六级
提拨率	0.18%	0.20%	0.23%	0.27%	0.32%	0.38%

四、马来西亚

马来西亚保险及回教保险利益保障制度(保险利益保障制度)是保单持有人保障计划,由马来西亚存款保险机构(PIDM)管理。保险利益保障制度在 2010 年 12 月 31 日生效,在成员保险公司倒闭时,它为保险及回教保险保单持有人的部分或全部利益提供明确的保障,以免其利益遭受损失。2012 年,PIDM 为传统成员保险公司制定风险费率制度架构及条例,并于 2013 年开始实施。由于缺乏足够可靠数据进行相关的测算,伊斯兰保险营运者的风险费率制度架构计划则在 2016 年才开始实施。

马来西亚风险费率制度架构如图 2-2 所示,采用定量准则和定性准则相结合的评估准则。同时,为了确保风险费率制度架构使用的方法是客观、透明及前瞻性的,定量标准比重为 60%,定性标准比重为 40%。其中,定量标准考虑保险公司的资本实力和经营业绩及业务可持续性。定性标准引入了监管评级,及其他未在定量指标和监管评级中考虑的且对保险公司利益带来冲击的其他任何信息。

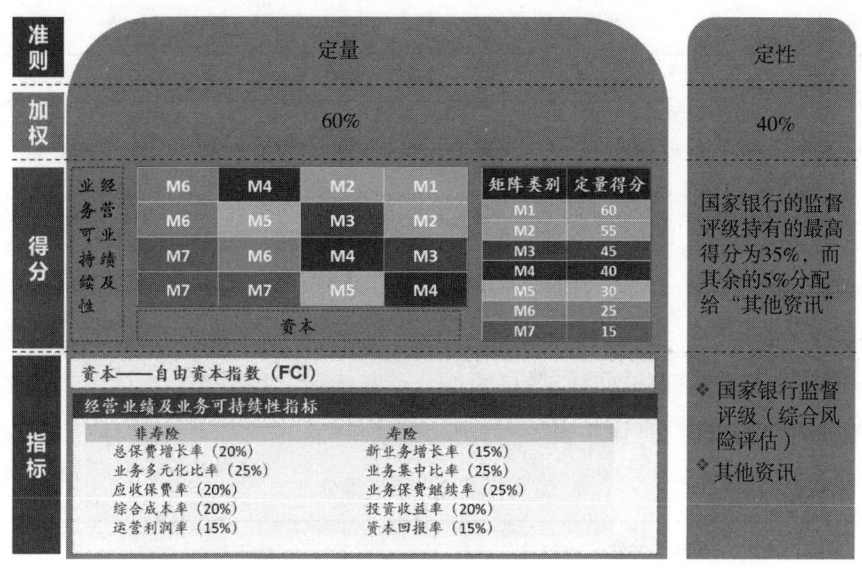

图 2-2 马来西亚传统成员保险公司风险费率制度架构

1. 定量准则

马来西亚同中国台湾地区一样,也采用二维矩阵法评估定量准则,但风险衡量指标不同。马来西亚的二维矩阵法着眼于衡量成员保险公司的资本实力和营运上的健全与业务可持续性。一方面,强势的资本缓冲是很重要的,能够确保保险公司的偿债能力。马来西亚采用自由资本指数指标衡量成员保险公司的资本实力,它代表一家保险公司的资本缓冲超出个别目标资本水平的程度,反映保险公司的资本充裕程度。另一方面,只有强势的资本缓冲无法确保长期的可持续性，保险公司有能力确保营运上的健全及业务可持续性也同等重要。考虑到寿险业务和非寿险业务的不同业务特征，马来西亚采用不同的指标及相应的权重衡量保险公司的营运业绩及业务可持续性。

在二维矩阵评估定量准则下，横轴反映成员保险公司的资本实力，纵轴反映成员保险公司的运营业绩与业务可持续性。自由资本指数指标和经营业绩及业务可持续性指标的综合得分决定了保险公司在二维矩阵的位置，矩阵中的位置决定了定量准则的分类组别。以 M1 到 M7 标记各组别，二维矩阵如表 2-20 所示。

表 2-20　　　　马来西亚风险费率制度下的二维矩阵

经营业绩及业务可持续性指标	自由资本指数指标			
	<1.00	1.00≤且≤1.10	1.10<且≤1.20	>1.20
≥85	M6	M4	M2	M1
≥65 且 <85	M6	M4	M3	M2
≥50 且 <65	M7	M5	M4	M3
<50	M7	M7	M5	M4

每一分类组别分别对应各自的得分，其中最高得分 M1 为 60%，最低得分 M7 为 15%。具体如表 2-21 所示。

表 2-21　　　　　　　　定量标准分类及其得分

定量标准分类	得分（%）
M1	60
M2	55
M3	45
M4	40
M5	30
M6	25
M7	15

经营业绩及业务可持续性指标由不同的财务指标综合而成，经营业绩

及业务可持续性指标得分为所有财务指标得分总和。各财务指标说明和具体计算方法，请参见附件3。所占权重如表2-22所示。

表2-22　　　　　经营业绩及业务可持续性指标及其权重

普通保险业务		人寿保险业务	
指标	权重（%）	指标	权重（%）
总保费增长率	20	新业务增长率	15
业务多元化比率	25	业务集中度	25
应收账款比率	20	业务保有率	25
综合成本率	20	投资收益率	20
运营利润率	15	资本投资收益率	15
合计	100	合计	100

2. 定性准则

定性准则考虑定性因素评价成员保险公司的风险状况，主要侧重于监管及监督判断，或是主要监管机构提供的评级制度。定性准则主要依据成员保险公司当前风险状况的有关资讯对其进行评估，这无法仅靠定量因素获得。国家银行对成员保险公司有直接的监督关系，对成员保险公司的风险状况、运营管理及其风险管理等方面进行监督，其监督评级反映了成员保险公司的第一手资讯，故国家银行的监管评级在综合风险评估分数中占比高达35%。其他资讯主要指对成员保险公司的财务表现或信誉带来重大冲击的资讯。它主要考察成员保险公司对相关的监管规定的遵守程度，以及是否采取相应的干预措施，其他资讯评分占比为5%。

3. 风险费率制度分数

综合定量二维矩阵和定性分数的结果，得到成员保险公司的最终得分，称为"风险费率制度分数"。风险费率制度分数进而转化为保险公司的征费组别，决定其征费率，计算当年应支付的保险保障基金。

根据风险费率制度分数，成员保险公司归类为四个组别，每个组别设定唯一的征费率，具体如表2-23所示。

表 2-23　　　风险费率制度分数及其对应的分类组别

风险费率制度分数	征费组别
分数≥85%	组别 1
65%≤分数<85%	组别 2
50%≤分数<65%	组别 3
分数<50%	组别 4

在首年（2013 年）实施年度，此风险费率制度提供了一个过渡期，在过渡期的成员保险公司定量分数在实际得分的基础上可调高 10%，但不高于 60%。新成立的保险公司在首两年将自动归为征费组别 1。PIDM 认为，新的成员保险公司刚投入运作，其风险状况或是不显著的。

4. 风险费率制度征费率

2011 年，PIDM 法令第 71 条及第 72 条规定，PIDM 可在不同的组别下规定不同的征费率及不同的最低征费额。2012 年，PIDM 发布有关成员保险公司风险费率的条例，对不同的征费率进行了说明；PIDM 还发布了有关成员保险公司的首年保费及年度保费的指令，对不同的最低收费额进行了规定。不同组别的征费率及年度最低征费额如表 2-24 所示。成员保险公司缴纳的年度保险保障基金应为核算出的个体保险公司缴纳额度和该组别要求最低缴纳额的最大值。其中，征费基础根据上年末普通保险业务净保费总额及人寿保险业务总准备金计算。

表 2-24　　　马来西亚风险费率水平

保费组别	人寿保险业务征费（%）	非人寿保险业务征费（%）	最低年度征费额（林吉特）
组别 1	0.025	0.05	75000
组别 2	0.05	0.10	150000
组别 3	0.10	0.20	300000
组别 4	0.20	0.40	600000

五、小结

通过对不同国家（地区）的保险保障基金风险费率制度的分析和研究，我们发现：

风险费率制度的建立并不是一蹴而就的，如马来西亚，风险费率制度架构是逐渐演变至矩阵法的。矩阵法是风险费率制度架构的主流和趋势，能够较为全面地衡量保险公司的风险，矩阵法既包含偿付能力充足率指标，也包含根据各个国家国情确定的指标。

德国的风险费率制度简单，可操作性强，比较适合风险费率制度建立初期，马来西亚的风险费率制度，是在中国台湾地区的风险费率制度的矩阵法评估定量准则的基础上，引入定性准则，更全面公平地反映了保险公司的风险。

第四节　金融业保障基金筹集风险费率制度经验

我们对我国银行、证券、信托等保障基金筹集费率制度进行了汇总。除了证券投资者保护基金管理制度实施了风险费率制外，其他制度仅在条文中规定在条件成熟后可实行风险费率制，但截至当前，都未实施。因此，我们仅对证券投资者保护基金风险费率制度进行说明。

表2-25　　　　金融业保障基金筹集费率制度经验汇总

	《存款保险条例》	《证券投资者保护基金管理办法》	《信托业保障基金管理办法》	《公开募集证券投资基金风险准备金监督管理暂行办法》
具体规定	第九条　存款保险费率由基准费率和风险差别费率构成。费率标准由存款保险基金管理机构根据经济金融发展状况、存款结构情况以及存款保险基金的累积水平等因素制定和调整，报国务院批准后执行。各投保机构的适用费率，由存款保险基金管理机构根据投保机构的经营管理状况和风险状况等因素确定。	第十二条　经营管理、运作水平较差、风险较高的证券公司，应当按较高比例缴纳基金。各证券公司的具体缴纳比例由基金公司根据证券公司风险状况确定后，报证监会批准，并按年进行调整。证券公司缴纳的基金在其营业成本中列支。	第十四条　保障基金现行认购执行下列统一标准，条件成熟后再依据信托公司风险状况实行差别认购标准。	第七条　中国证监会可根据对基金管理人的综合评价结果，要求综合评价较低、风险较为突出的基金管理人提高风险准备金的计提比例或一次性补足一定金额的风险准备金。

续表

	《存款保险条例》	《证券投资者保护基金管理办法》	《信托业保障基金管理办法》	《公开募集证券投资基金风险准备金监督管理暂行办法》
费率制度	基准费率和风险差别费率	风险费率制	目前是单一费率制,未来条件成熟后考虑风险费率制	基准费率和风险差别费率

同时,尽管国内的银行存款保险制度尚未实施风险费率制,但国际上已有很多国家和地区实施,如美国、加拿大、中国台湾、马来西亚等。国际存款保险机构协会(IADI)对成员和非成员进行了一系列的问卷调查,截至 2012 年底,81 个采取显性存款保险制度的国家或地区中,已有 27 个采取风险费率征收保费。我们选择加拿大的银行存款保险制度进行介绍。

一、我国证券投资者保护基金风险费率制度

根据我国证券投资者保护基金风险费率制度的规定,各证券公司缴纳证券投资者保护基金的比例如表 2-26 所示。我国证券投资者保护基金风险费率制度有以下特点:

(1)保护基金缴纳比例依据证券公司分类结果确定,反映证券公司的风险水平;

(2)保护基金规模不同,同一风险级别的证券公司适用不同的基金缴纳比例;

(3)此制度体现了鼓励优质证券公司的政策导向,风险管理能力持续向好的证券公司可使用比其风险评级对应的风险费率水平更低的征费率;

(4)此制度对亏损证券公司提出保护性政策,针对行业证券公司大面积亏损的情况,允许保险公司使用较低的基金征费率。

表 2-26　证券公司缴纳证券投资者保护基金的比例

评级 缴纳当年	缴纳比例（%），营业收入（规模>200亿元）			缴纳比例（%），营业收入（规模≤200亿元）
	亏损面≤10%	亏损面(10%, 30%]	亏损面>30%	所有公司
AAA	0.50	—	0.50	0.50
AA	0.75	连续三年≥A，缴纳当年≥AA，0.5%	0.50	1.00
A	1.00	连续三年≥A，缴纳当年=A，0.75%	0.50	1.50
BBB	1.50	—	0.50	2.00
BB	1.75	—	0.75	2.50
B	2.00	—	0.75	3.00
CCC	2.50	—	1.00	3.50
CC	2.75	—	1.00	4.00
C	3.00	—	1.00	4.50
D	3.50	—	1.25	5.00

二、加拿大存款保险风险费率制度

加拿大存款保险机构（CDIC）在 1995 年开始实行风险费率制度，采取加权综合评分的方式，确定银行的风险等级，进而确定费率。

1. 风险费率制度风险衡量指标

加拿大风险费率制度风险衡量指标如表 2-27 所示，根据风险衡量指标计算得分，对每一指标加权汇总得到总分，依据相应的得分确定四个组别的费率水平。加拿大的存款保险风险费率制度有以下特点：

（1）加拿大的存款保险风险费率制度简单可操作；

（2）风险评价指标主要包括资本充足率、盈利性、效率、资产质量、资产集中度等；

(3) 风险费率水平逐年增加，风险较高的费率水平为比其低一级的 2 倍，费率水平间距较大，以 1% 为上限。

表 2-27　　　　　加拿大风险费率制度风险衡量指标

指标项目	指标计算
杠杆比率	净资产/总资产
一级资本率	净一级资本/经一级资本调整后的风险资产×100%
风险资产收益率	净损益/［（本财年年末经调整的一级资本风险资产＋下一财年末经调整的一级资本风险资产）/2］×100
中值调整后的净收入波动率	净损益标准差/净损益平均值
压力测试后净收入	净损益 -1×净损益标准差
	净损益 -2×净损益标准差
有效比率	无利息的总费用/（净利息收入＋非利息收入）×100
净减值资产/总资本比	（净表内减值资产＋净表外减值资产）/总资本×100
三年移动平均资产增长率	［Sum（第二年资产，第三年资产，第四年资产）/3］/［Sum（第一年资产，第二年资产，第三年资产）/3］-1
不动产资产集中度	抵押贷款总额/（抵押贷款总额＋非抵押贷款总额＋证券总额＋承兑总额）
未支配资产集中度	［总负债 -（次级债＋债券负债＋证券化负债＋回购＋短期债）］/［总资产 -（资产减值＋抵押资产总额）］
抵押资产比	总抵押资产/总资产
累积商业贷款集中度	总商业贷款集/总资本

2. 风险费率制度征费组别

实行风险费率制度的目的是给成员银行传递银行风险管理状况对应的财务结果的信息，制度本身并不关注各成员银行之间风险状况的细微差别，而是为了激励高风险成员银行在必要的时候采取改进措施。因此，CDIC 认为，四个风险组别是比较合适的。具体的风险组别和费率水平如表 2-28 所示。特别注意到，高一级风险组别的费率水平是低一级风险组别的 2 倍。

表 2-28　　　　加拿大存款保险制度风险费率水平　　　单位:%

得分	风险分类	2015年费率水平	2016年费率水平	2017年费率水平	2018年及以后费率水平
分数≥80	1	0.1350	0.1650	0.1950	0.2250
65≤分数<80	2	0.2700	0.3300	0.3900	0.4500
50≤分数<65	3	0.5400	0.6600	0.7800	0.9000
分数<50	4	1.0000	1.0000	1.0000	1.0000

第三章
保险保障基金筹集费率制度框架设计

在建立风险费率制度时,我们坚持"量出为入"的原则,即在预期未来损失的基础上确定目标基金规模,进而确定风险费率水平。风险费率制度的总体设计思路如图3-1所示。

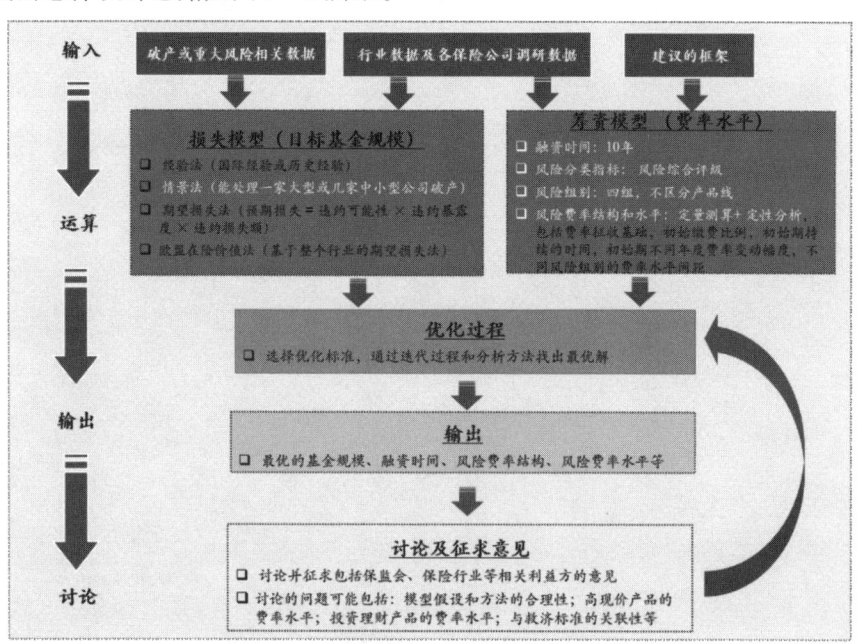

图3-1 我国风险费率制度设计思路

在当前阶段,我国风险费率制度不宜过于复杂,原因有以下三点:

第一,较为复杂的保险保障基金费率计算制度,对保险保障基金管理机构来说,可能要求较大的前期准备和技术投入。

第二，对于新成立的保险公司和中小型保险公司而言，难以接受较为复杂的风险费率制度。

第三，借鉴国际经验，复杂的风险费率制度依赖于监管部门的风险评级结果，不利于实现行业自律。

第一节 目标基金规模

一、目标基金规模的定义及考虑因素

目标基金规模指保险保障基金管理机构锁定的基金水平，使其得以履行义务及所赋予的授权，通常用目标储备比率来衡量。

由国际存款保险机构协会在 2009 年 5 月 6 日发布的国际存款保险机构协会的存款保险制度融资指导论文中，强调了存款保险基金理想规模的重要性，即"目标水平至少应当足以弥补成员银行在正常情况下的潜在损失。考虑的因素应当包括成员银行的组合（数量、规模、营运种类）、成员银行的债务、倒闭的概率及可以预见的损失特性"。考虑到保险保障基金制度目标基金规模与银行存款保险制度具有相似性，参考银行存款保险制度，保险保障基金制度目标基金规模也至少应当足以弥补保险公司在正常情况下的潜在损失。考虑的因素也可包括保险公司的组合、保险公司负债、破产或成为问题保险公司的概率以及可以预见的损失。

此外，马来西亚提出，对保险保障基金管理机构的目标基金来说，目标基金视保险保障基金管理机构的职责、营运环境及监督与监管机制而定。当保险保障基金管理机构仅有"付款箱"功能时，需维持充足的基金水平，以承担其偿付保单持有人义务。当融资体系无外部融资能力或支援时，就需要维持更高的内部基金额度以期承担理赔的需求，但当保险保障基金管理机构拥有提前干预问题保险公司的权力时，维持的基金规模可以比真正需要的水平要低。保险公司监督与监管机制的有效性，也会影响保险保障基金的目标规模。

二、目标基金规模设定原则

（一）充足性原则

为了能够及时地支付出现危机的问题保险公司的赔款，保障保单持有人的利益，稳定公众的信心，保险保障基金通常要准备充足的、流动性强的资金。目标基金应当足以偿付保险业可能面临的大部分损失情况下的损失净额，特别是能够覆盖在不利情形下产生的损失。也就是说，保险保障基金是处理问题保险公司方案启动时的最终成本或净损失，是整体方案的成本扣除从倒闭或问题保险公司所追收的资产。无论如何，"处理问题保险公司方案"的资金需求，尤其是一旦发生理赔，显然比净保险损失高。基于所暴露的受保利益规模，应当设定更大的目标基金规模，以满足资金需求。

（二）合理性原则

目标基金应当是解决保险业的周期性失灵，而非系统性的失灵。保险保障基金目标基金规模的设定不考虑"大而不能倒"的保险公司。目标基金通过促进保险公司的健全风险管理和及时执行干预与倒闭解决方案，从而维持保险业的稳定。目标基金的使用原则应当与监管机构的相关规定保持一致，基金救助的对象、规模等需要参考监管机构的规定执行。

（三）科学性原则

设定目标基金应该考虑未来可能蒙受的保险损失。目标基金规模受到经济环境、行业发展及存款增长水平等多方面因素和环境的影响，没有科学的方法能够设定一个完全准确的基金规模。因此，设定目标基金规模时建议考虑基金规模的范围，使其保持稳定，且不需要过于频繁改变。

目标基金规模应当反映务实的解决方案，以设定可达到的目标水平。最理想的目标基金规模应当足以建立公众对保险业的信心，而非影响保险公司的盈利，以及增加保险公司的负担。

三、影响目标基金规模设定的重要因素

（一）基金征收时点

1. 征收方式

保险保障基金一般由保险公司缴费形成。综合各国的实践经验来看，

按照保险保障基金征收的时点不同,通常可以分为三种方式,包括事前征收方式、事后征收方式、渐进式征收方式。

(1) 事前征收方式。事前征收方式是保险公司根据事先确定的费率水平定期缴费。缴费金额及其对应的投资收入形成基金的主要来源,用于应对问题保险公司偿付能力不足或破产清算等情形。事前征收方式具有以下特点:

①保险保障基金在危机发生前储备足够的资金,有利于稳定公众对保险业的信心,防止系统性风险的进一步发生。

②采取事前征收的方式,保险公司每年缴纳一定的金额,有利于保险公司财务预算和资本规划。

③在事前征收方式下,保险公司定价时,保险保障基金成本通常作为附加费用的一部分,提高了保费,增加了保单持有人的负担。

④受保险保障基金特性的约束,事前征收的保险保障基金通常只能投资于流动性强、安全性高、收益率低的资产,造成资金利用的低效。

(2) 事后征收方式。事后征收方式是在危机发生时或危机解决后,按照风险处置的成本分摊到除问题保险公司之外的其他保险公司,征收相应的费用。事后征收方式具有以下特点:

①在事后征收方式下,保险公司不需要提前支付保险保障基金,有利于提高资金的利用效率和投资收益率。

②采取事后征收方式,很可能是在行业出现金融危机的时候,此时征收保险保障基金比较困难,同时可能给保险公司带来过重的财务负担,不利于危机的解决。

③事后征收方式容易引发保险公司的道德风险,因为问题保险公司不需要承担缴费义务。

(3) 渐进式征收方式(即事前事后混合征收方式)。渐进式征收方式介于事前征收方式和事后征收方式之间,危机发生前采用较低的费率水平,累积一定的基金以满足未来的给付;危机发生后,根据实际的需要确定费率水平。

2. 国内外经验

从国际实践经验来看,各个国家何时征收保险保障基金并没有统一的方式（见附表1），有些国家对于寿险和非寿险基金甚至采用不同的方式，如加拿大和德国。但根据我们的观察，事前征收模式是一种现行趋势。如英国，原采用事后征收模式，现已改为事前征收模式；加拿大的非寿险基金原采用事后征收模式，逐渐过渡到事前事后混合征收模式。同时，我们也发现，采用事后征收模式的国家主要是发达国家，如美国、加拿大、澳大利亚、德国。事后征收需要更多考虑本国的经济环境和金融市场。事前征收的好处是有一笔预备资金可以随时应对突发的紧急状况，但缺点是造成资金闲置，降低了资金使用效率，所以加拿大保险行业普遍认为，最好的方式是有一小部分事前收取的基金，金额可以根据过去发生的保险公司破产频率与所需金额，且足以处理小型保险公司的破产事件来确定。但如果有大型保险公司破产，现有资金不足，则需要采取事后征收的方式募集资金。

此外，从国际银行存款保险制度来看，事前融资也是主流。根据国际存款保险机构协会的统计，截至2012年，81个成员国家和地区中，仅有7个国家采取事后融资的方式，其中包括加拿大、澳大利亚、意大利等发达国家。

3. 对我国征收方式的建议

无论是事前征收方式、事后征收方式还是渐进式征收方式，均有其优缺点，各国都应该根据本国的实际情况选择合适的方式。我国现行的保险保障基金费率制度一直都是采取事前征收方式，和国际主流趋势一致。考虑到国际趋势和我国金融市场环境并不完善的现实情况，建议维持事前征收方式。

（二）基金征收限额

无论是采用事前或事后征收方式的保险保障基金制度，通常都会设置费率计提上限。事前征收方式设置费率计提上限，主要是为了避免基金的过度累计而造成资金使用的低效率；事后征收方式设置费率计提上限，主要是为了避免一次性计提过高的保险保障基金而给保险公司造成巨大的财务压力。保险保障基金缴费限额主要取决于目标基金规模水平、融资时间、费率水平。

1. 国内外经验

各国对保险保障基金缴费限额的规定较难比较，大部分国家针对缴费限额均有明确的规定，如新加坡、加拿大、日本、英国、韩国等，即使有些国家（地区）对缴费限额没有规定，但明确了目标基金规模和融资时间，如中国香港（见附表4）。

缴费限额通常有两种方式，一是绝对限额方式，如加拿大、英国、日本；二是比例限额方式，如新加坡和韩国的缴费限额是负债的某个比例，美国的缴费限额是保费的某个比例，等等。

缴费限额的确定方法，可以日本为例。日本在确定保险保障基金费率计提上限时，在预估未来10年两家中型问题保险公司需要保险保障基金救助的基础上，评估风险处置成本为5000亿日元，并以此设定保险保障基金累计的上限额度为5000亿日元，最后将上限额度在此10年间进行平摊，日本保险公司每年计提的上限为500亿日元。

我国与保险保障基金类似的制度，包括银行存款保险制度、证券投资者保护基金管理制度、信托业保障基金管理制度等，均未提及保障基金缴纳限额，同时也未提及目标基金规模。

2. 基金征收限额建议

在1997年《关于保险公司保险保障基金有关财务管理的通知》及之前的相关规定中指出，保险公司的保险保障基金余额达到公司总资产10%的，可以暂停缴纳。2008年制度进一步修订后，缴费上限有所降低，财产保险公司的保险保障基金余额达到公司总资产6%的，可以暂停缴纳；人身保险公司的保险保障基金余额达到公司总资产1%的，可以暂停缴纳。此限额要求较难有国际可比性，合理性尚待进一步的定量分析和测算。除此之外，对于基金征收限额的表达方式，我们建议维持现行制度的方式，将基金征收限额表达为总资产的某一比例。

第二节 风险费率结构和水平的设立原则

保险保障基金制度的目标是保障保单持有人合法权益，促进保险业健康发展，维护金融稳定。因此，风险费率制度的建立不能偏离此目标，同时应该充分发挥本身具有的鼓励和引导保险公司加强风险管理的作用。基于此，风险费率结构和水平设立应满足以下原则。

一、风险导向

风险费率制度根据保险公司自身的风险情况设定不同的费率水平。首先，风险费率制度要全面、公平地衡量保险公司的综合风险，以作为合理费率水平厘定的基础。另外，风险费率制度应能充分发挥风险导向的作用，让规模大、资本实力雄厚、风险控制能力强的保险公司能有意愿缴纳保障基金，让规模小、风险控制能力差的保险公司有动力提高风险控制水平和管理能力。最后，通过风险管理费率制度，让所有保险公司的风险状况能得到改善，以促进金融体系的稳定。

二、费率合理

风险费率制度的费率水平合理，一方面，费率水平不能过低，要保证保险保障基金有足够的规模处理问题保险公司的破产清算，保护保单持有人的利益；同时，要能起到引导高风险的保险公司控制风险的作用，最大限度地降低保险公司的道德风险，维护保险市场稳定。另一方面，费率水平不能过高，否则会给保险公司带来沉重的财务负担。

三、符合国情

适合的风险费率制度应当是从我国目前所处的市场和经济环境出发，考虑保险业现有的技术条件和未来的发展预期。风险费率制度的方法可以参考国际经验，同时充分利用"偿二代"的研究成果。但风险费率制度的风险衡量指标、权重等要素的设定，风险费率制度建立的时间表等需要从我国保险业发展的实际情况出发。

四、平稳过渡

从实施风险费率制度的国家经验来看，单一费率制度向风险费率制度过渡时，设置一定的过渡期。单一费率制度向风险费率制度过渡初期，费率水平调整的幅度不宜过大。如最终的方案表明，需要大幅度提高风险费率制度下的费率水平，建议以单一风险费率制度下的水平为基础进行调整，采取每年逐步上调各级别费率水平的方式，否则保险公司很难接受。

第四章
我国保险保障基金目标基金规模研究

IFIGS 在 "Principles of Funding for an Insurance Guarantee Scheme" 报告中提到，"怎样的基金筹集方式最合适，并没有一个完美的科学方法可以决定，但如何应对最坏情况的成本可以作为一个思考的方向。基金的充足性不仅能覆盖最优估计假设下的损失，也能覆盖不利情景下的损失"。巴塞尔委员会对国际存款保险机构协会于 2009 年 6 月发布 "有效存款保险制度的核心原则"，有关融资第 11 条原则的说明及辅助性指导指出："健全的融资安排对存款保险制度的有效性是至关重要的，事前融资有助于在财务恶化及危机期间减缓存款保险制度对公共基金的依赖。对采用事前融资方式和设定目标基金比率的国家来说，所选择的方法应当足以降低基金无偿债能力的概率至可接受的最低水平。"

对保险保障基金和存款保险基金来说，目标基金规模原理是相同的。无论是 IFIGS 还是巴塞尔委员会，关注的焦点都是目标基金规模是否能覆盖保险保障基金成本，保险保障基金理想额度即为目标基金规模的最低要求。保险保障基金的成本包括差额损失、融资成本、经营成本及理赔费用四个方面（如图 4-1 所示）。其中，差额损失指的是保障基金无法从问题保险公司剩余资产中全数讨回此前发放给保单持有人赔偿金的额度，差额损失将成为基金成本的一部分。差额损失 =（A）-（B）；融资成本指的是保障基金对贷款支付的利息。融资成本 =（D）-（C）；经营成本指的是维持保障基金日常管理的费用。理赔费用指的是除去一般的日常经营成本，当保险公司无力偿债时，保障基金将须承担处理索赔时产生的费用。

第四章 我国保险保障基金目标基金规模研究

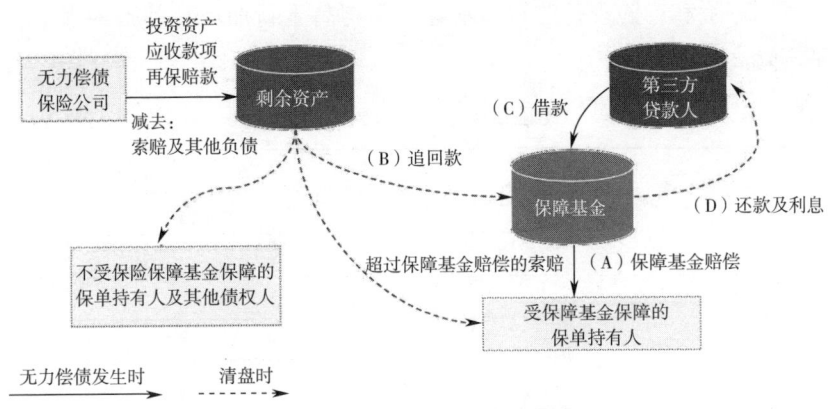

图 4-1 保险保障基金成本构成

第一节 目标基金规模确定方法境外经验借鉴

决定目标基金规模的方法有很多，包括定性分析法、定量分析法，以及定性和定量方法的结合。各国（地区）采用的方法不同，导致不同国家的目标基金规模缺乏可比性。

一、国际目标基金比率比较分析方法

国际目标基金比率比较分析方法，是通过对已经实行保险保障基金制度的国家（地区）的基金比率进行比较分析，综合考虑本地经济、保险业实际情况等因素，确定适用于本国的目标基金比率。此方法简单且易操作，特别是对于没有历史经验数据的国家（地区）来说，目标基金比率的国际经验能够为其提供参考。以中国台湾的存款保险制度为例，2006年底台湾地区存款保险基金规模仅占存款总额的0.16%，远低于美国联邦存款保险公司所使用的1.25%目标基金比率。据此，台湾"中央存款保险公司"调整了目标基金规模比率，将存款保险基金设为存款总额的2%，同时，提高费率以缩短达到目标基金规模的时间。

目前世界上仅有5个国家实施保险保障基金风险费率制度，我们获得了新加坡和韩国的目标基金比率（如表4-1所示）。通过对比，我们发现：我国寿险和产险现行的目标基金比率均高于新加坡和韩国的水平，尤其是产险高出更多。

表 4-1　　　　　　　　寿险目标基金比率国际对比　　　　　　　　单位：%

寿险	中国	新加坡	韩国	
			最小值	最大值
基金额/总资产	1			
基金额/准备金负债		0.61	0.66	0.94

表 4-2　　　　　　　　财产险目标基金比率国际对比　　　　　　　　单位：%

非寿险	中国	新加坡	韩国	
			最小值	最大值
基金额/总资产	6			
基金额/保费收入		1.51		
基金额/准备金负债			0.83	1.10

二、以能处理一家大型或几家中小型公司破产损失为标准

以目标基金规模能处理一家大型或几家中小型公司破产为依据确定目标基金比率，此方法也简单易行。很多国家（地区）单独采用此方法确定目标基金规模，或者在采用其他定量分析法的基础上，结合此方法确定目标基金规模。

韩国保险保障基金规模要求可同时处理 3 家中型保险公司的违约；中国台湾地区的存款保险制度确定目标基金规模时，基于专家的经验，同时考虑行业内的建议，以能处理 1 家大型金融机构或 1~4 家中型金融机构的损失（包括赔款损失和破产处理成本）为目标基金规模；加拿大的存款保险制度采用的专家意见法，考虑目标基金规模足以支付选定的单一公司或多家公司的破产成本；菲律宾在 2008 年确定存款保险制度的目标基金规模也采用此方法，根据 PDIC 的银行评级系统（OBRM），银行评级从组别 1（最差组别）至组别 5（最好组别），确定的目标基金规模要求能覆盖组别 1 中的所有银行和组别 2 中最差的 5 家银行。

三、期望损失法

期望损失法是将保险公司的预期违约概率表示为保险公司赔款的一个比例,由此计算出的期望损失即为应缴纳的保险保障基金的数额。它测度了保险保障基金的成本。根据关于保险定价盈亏平衡的基本原理,各保险公司缴纳的保险保障基金应等于各公司的期望损失。期望损失通常可用以下公式来表示:期望损失 = 破产概率 × 风险暴露 × 给定破产下的损失程度。其中,破产概率可运用市场分析或评级分析来估计,风险暴露等于纳入保险保障基金范围的赔款额,给定破产下的损失程度表明了保险保障基金的损失大小。期望损失法具有完备的理论依据,采用定量分析法确定目标基金规模的国家大多采用此方法。

(一)韩国目标基金确定方法

韩国存款保险公司(KDIC)采用期望损失法确定目标基金规模。建立目标基金规模时采用的公式为:期望损失 = 风险暴露 × 违约概率 × 违约损失率。其中,风险暴露等于保险索赔额。违约概率运用历史数据或统计分析来估计。作为反映信用风险程度的基本参数之一,违约损失率是保险公司一旦违约可能造成的损失程度。利用期望损失法计算出的目标基金规模如表4-3所示。

表4-3　　　　　　　韩国目标基金规模比率　　　　　　单位:%

目标基金比率	寿险公司	非寿险公司
最低限额	0.660	0.825
最高限额	0.935	1.100

(二)马来西亚目标基金确定方法

在制定目标基金方面,马来西亚存款保险机构(PIDM)采用统计模拟及定性方法来决定目标基金的范围。

1. 统计模拟方法

PIDM采用风险价值统计模拟方法制定目标基金架构。在统计模拟方法下,风险价值的决定依据成员机构的估计违约可能性、违约暴露度、违约相互关系及问题机构可能追回款项,以评估PIDM暴露的净损失。在决定足以偿付 PIDM 净损失的情况下，在特定信心水平方面，PIDM 采用了蒙特卡洛模拟方法。此模拟方法采用大量的损失情况组成统计损失分布的模拟，进而确定足以补偿损失或是在特定时限和特定信心水平下达到救济效果的目标基金水平。

2. 定性方法

在决定目标基金范围方面，PIDM 也考量其他定性因素，如所赋予 PIDM 的授权和法律权利、银行及保险业版图和营运环境、马来西亚的金融体系监管及监督机制。这些定性因素直接反映在统计模式内或是用于决定目标基金的范围。

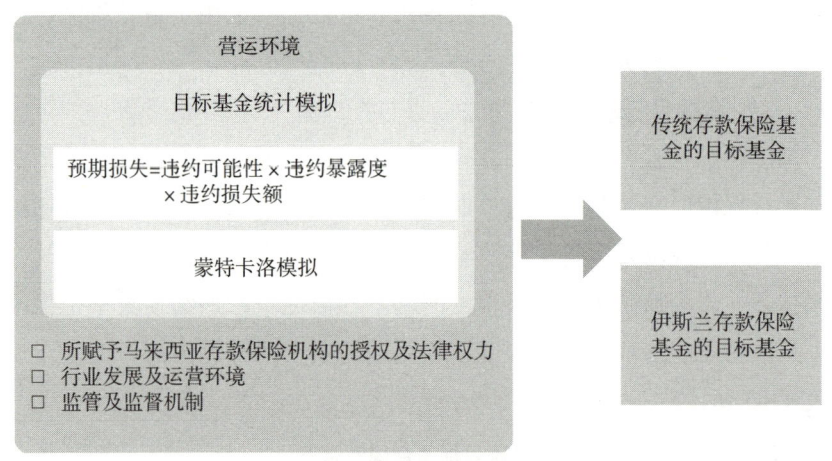

图 4-2　PIDM 的目标基金架构

（三）新加坡目标基金确定方法

新加坡金融管理局（MAS）通过大量采用存款保险基金的模型来评估和设计保险行业的目标基金模型。在蒙特卡洛模型中模拟 10 万次，选取第 100 个高位损失点确定基金的规模大小，这也意味着基金的目标是在一年的范围内覆盖 99.9% 的赔付。模拟结果通过三个参数指标确定，即保险公司提供的保障范围内的负债、违约概率和违约引起的损失。

新加坡在 2005 年征求意见稿中曾提出 0.2%（寿险公司）和 1.5%（非寿险公司）的目标基金比率。但随着保险业的发展以及风险意识的提高，2011 年 MAS 将模型数据更新后得到的结果相比 2005 年的目标基金比率有了显著提升。

表 4-4　　　　　　新加坡目标基金比率和基金规模

保险公司类型	寿险公司	非寿险公司
目标基金占比	保障负债的 0.61%	再保前总保费的 1.51%
目标基金规模	3.45 亿新加坡元	0.24 亿新加坡元

四、欧盟在险价值法

期望损失法是基于单个保险公司的风险暴露计算保险保障基金的期望损失。此方法需要假设所有的保险公司独立同分布，但实践中不可能满足此条件。同时，此方法要求使用的保险公司破产损失规模的信息、不同规模的保险公司违约概率的信息，均较难准确提供。

基于对期望损失法的不足之处的考虑，欧盟转变思路，考虑保险行业的风险暴露而非单个保险公司的风险暴露。保险行业的期望损失转化为投资组合的期望损失，基于金融风险管理投资组合理论解决期望损失的计算问题，测算时采用保险行业的数据，而非保险公司层面的数据。

（一）保险保障基金提供的保障及其成本

目标基金征收规模取决于每年的期望损失。保险公司在一段时间内破产的期望损失主要取决于三个因素：

一是相应时间内平均的违约概率（PD）；

二是违约风险暴露（EAD），为某一家公司对所有索赔者、受益人以及被保险人的负债最大值的均值；

三是违约损失率（LGD），其为资产与负债差额的均值或者违约风险暴露中无法从违约公司的资产中获取的部分。

根据以上三个部分可以得出一个决定期望损失的简单公式：

$$\text{破产损失的期望值} = \text{违约损失率（LGD）} \times \text{违约风险暴露（EAD）} \times \text{违约概率（PD）}$$

然而，这个方法并不能对违约的不同规模及其对应的概率进行区分。保险公司违约的损失分布可以评估保单持有人的风险暴露水平以及所需的保障。保险保障基金需要在成本和保障中寻求平衡，因此基于损失的发生概率能确定保险保障基金可以覆盖的最大损失。损失分布可以帮助保险保障基金计算在一定的置信水平下覆盖所有损失需要收取的基金规模。

（二）计算保险保障基金损失分布

计算一个公司的违约损失分布需要先知道公司负债资产差值的分布。估计公司负债资产差值的分布情况涉及非常复杂的精算模型以及需要公司层面的精确数据，而在计算保险保障基金损失分布时只需要保险保障基金的总损失分布而不是公司单独的损失分布，所以可以通过一些简化的假设来直接估计保险保障基金的总损失分布，从而避免计算公司单独的损失分布。

首先简化假设损失规模：通过考虑预期负债的平均增长而非个别增长，可以为保险公司预期负债的最大增长值引入一个界限。通过这个简化，违约风险暴露（EAD）可以作为当前资本要求的一部分来估计。

通过这个方法计算违约风险暴露避免了计算保险保障基金损失分布时需要估计单独损失分布尾分布的复杂问题。同时，关于违约风险暴露的信息易于获取。计算保险保障基金的损失分布可以看作是计算许多保险公司的组合风险暴露损失，而这也让大量的工作建立在由金融风险管理发展出的组合损失理论上。

Merton–Vasicek 模型是量化金融风险管理中最广为应用的模型之一，通常用来评估违约组合风险。这种方法在知道最大损失的情况下能够很容易得出保险保障基金损失分布。一年内在任何置信水平下都不会被超过的最大损失被称为"在险价值（α）"：

$$VaR_\alpha = EAD \times LGD \times N\left[\frac{N^{-1}(1-\alpha)\sqrt{\rho+\delta(1-\rho)}+N^{-1}(PD)}{\sqrt{1-\rho-\delta(1-\rho)}}\right]$$

(1)

式中，EAD 为违约风险暴露，其为一家公司对所有索赔者、受益人以及被保险人的负债最大值的均值；LGD 为违约损失率，其为资产与负债差额的均值或者违约风险暴露中无法从违约公司的资产中获取的部分；α 为置信区间；N 和 N^{-1} 分别为正态分布函数与反函数；ρ 为保险公司违约的相关性系数；δ 为考虑各保险公司风险暴露度差异的调整值，通过计算所有保险公司风险暴露占比的平方和得出。

通过改变置信区间计算相对应的损失可以得出损失分布。"Vasicek 分布"的形态举例如表 4-5 所示。

表 4-5　　在不同的参数下"Vasicek 分布"的形态举例

	输入参数（ρ = 0.2）					
	PD = 0.1%			PD = 0.5%		
	δ = 0	δ = 0.1	δ = 0.3	δ = 0	δ = 0.1	δ = 0.3
	损失不超过概率 α，占总风险暴露的百分比					
α = 70%	0.07%	0.05%	0.01%	0.44%	0.34%	0.15%
α = 95%	0.42%	0.44%	0.38%	1.98%	2.22%	2.36%
α = 99%	1.10%	1.42%	1.93%	4.30%	5.65%	8.38%
α = 99.5%	1.51%	2.09%	3.24%	5.57%	7.65%	12.33%
α = 99.9%	2.81%	4.32%	8.22%	9.10%	13.38%	24.11%
α = 99.99%	5.53%	9.30%	20.24%	15.38%	23.69%	44.21%
α = 99.999%	9.30%	16.30%	36.35%	22.74%	35.35%	63.24%

以上举例的"Vasicek 分布"是它最简单的形式。"Vasicek 分布"有更复杂的变形，但是结合有限的数据需求和科学严谨以及可接受度，我们选择了这种形式。事实上，当把相关性系数和市场调整都设为零，公式就变成了最基本的形式：

$$VaR = EAD \times LGD \times PD \qquad (2)$$

这个也被用于 Oxera 报告中，基于两个假设：违约事件是完全不相关的以及风险暴露是由极多数的小公司构成的。"Vasicek 分布"所做的就是考虑真实世界中风险暴露都是可集中的以及违约事件是相关的来提供损失概率分布。

（三）估计违约风险暴露

估计一家保险公司对索赔者及保单持有者的风险暴露是 Technical Provisions（包含风险边际）。然而，必须考虑的一个事实是，由于风险边际计算错误导致的违约事件中，风险暴露可能比目前水平的责任准备金高。

基于这些原因，为了估计违约风险暴露的平均最大值，需要额外增加与偿付能力资本要求成比例的项。这个是对责任准备金耗尽后所需额外资本的最优估计。

因此，在"组合续期"的情况下，估计违约风险暴露的公式为

$$EAD = TP_0 + SCR_0 + \left(2 - \omega_M + (1 - \omega_M)\frac{SCR_0}{TP_0}\right) \quad (3)$$

式中，TP_0 为当前调整后的准备金；SCR_0 为当前的偿付能力资本要求；W_M 为市场风险的偿付能力资本要求与总偿付能力资本要求的比率。

在单纯赔偿索偿者及收益者，排除未赚保费的情况下，非寿险 EAD 的估计方法如下：

$$EAD = (TP_0 + (1 - \omega_M)SCR_0) \times \frac{Tot\,\pi_0 - U\,\pi_0}{Tot\,\pi_0} \quad (4)$$

式中，$U\pi_0$ 为当前的未赚保费；$Tot\pi_0$ 为当前总的签单保费。

在单纯赔偿索偿者及收益者，包含未赚保费的情况下，非寿险 EAD 的估计方法如下：

$$EAD = [TP_0 + (1 - \omega_M)SCR_0] \times \frac{Tot\,\pi_0 - U\,\pi_0}{Tot\,\pi_0} + U\pi_0 \quad (5)$$

最后，在单纯赔偿索偿的情况下，寿险 EAD 的计算公式如下：

$$EAD = TP_0 + (1 - \omega_M)SCR_0 \quad (6)$$

综上所述，国际目标基金比率比较分析法和能处理一家大型或几家中小公司破产损失的基金规模确定方法简单易行，适用于那些缺乏历史经验数据的国家，期望损失法和欧盟在险价值法属于定量分析法，需要基于充分的经验数据才可以实施。

第二节　我国目标基金规模确定方法建议

一、目标基金规模确定方法建议

目标基金水平代表保险保障基金足以对问题保险公司进行风险处置的基金水平。目标基金水平的确定取决于很多因素，如宏观经济状况、保险业的市场情况、保险公司风险状况的变化、对保单持有人保障需求的提

高。考虑到这些因素的变动性，目标基金也不是静态的。

理论上，目标基金水平受多种因素影响，我们需要综合定量分析和定性分析的结果决定目标基金的范围。定量分析方面，应当考虑以下因素：保险行业的格局变化，如保费和准备金的增长；保险公司风险状况的变化，如公司排名、产品类型、投保人组合、违约概率、违约风险敞口、违约损失率；对保单持有人保障的需求提高，如更高的救助水平；要求更高的置信水平；经济环境的变化，如贷款利率、投资收益率、通货膨胀率等。定性分析方面，保险保障基金法定职责和权利不同，对问题保险公司的救助时间和救助方式不同，对目标基金水平的范围影响不同。因此，对保险保障基金目标水平的最终确定，需要在定量分析的结果基础上，由保险保障基金公司决定在问题公司破产清算和持续经营情况下的基金水平。

实际上，我们国家保险行业发展的时间较短，截至目前，只有1家寿险公司和1家财险公司被保险保障基金处置过。同时，与其他国家相比，所处的宏观环境有很大的不同，也难以直接采用国际的破产损失数据。在缺乏历史经验数据的情况下，很难采用定量分析法确定目标基金规模。

因此，我们建议在考虑国际目标基金比率经验的基础上，通过在确定的融资时间内，目标基金规模能处理一家大型或几家中小型保险公司破产损失的方法，确定目标基金比率。在此过程中，我们将充分考虑保险行业未来发展趋势、监管的态度、行业的意见等因素。

二、融资时间建议

融资时间是指在考虑保险公司缴纳的保险保障基金及每年累积的净余额水平后（考虑投资收入，并扣除运营成本等），所需达到设定目标基金水平的期限（通常以年份设定）。对融资时间影响较大的因素可能包括保费和准备金增长速度、投资收益增长速度、营运成本增长速度。如果营运成本增长速度比预期的快，估计的融资时间也会随之增加；否则，估计的融资时间会随之减少。投资收入是保险保障基金的重要来源。投资收益增长速度比预期的快，估计的融资时间会随之减少；否则，估计的融资时间会随之增加。

定量分析阶段对融资时间的估计，我们将考虑保险业保费和最低资本的增长速度、投资收入、营运成本等主要影响因素，同时对这些因素进行敏感性测试和分析。根据测算的结果，我们将给出在特定的融资时间内达到目标基金水平的征费率调整建议。

从国际经验来看，主要国家的融资时间为 8~12 年。本书测算过程中采用的融资时间的最优估计假设为 10 年。

表4-6 不同国家（地区）目标基金规模确定方法和融资时间汇总

国家（地区）	目标规模计算方法	融资时间
中国台湾：存款保险制度	国际经验或历史经验比较	中国台湾地区存款保险制度：10 年
日本：保险保障基金制度 中国台湾、加拿大、菲律宾：存款保险制度	情景法：能处理一家大型或几家中小型公司破产	菲律宾存款保险制度：8 年
韩国、新加坡、中国香港：保险保障基金制度 马来西亚、加拿大、菲律宾：存款保险制度	期望损失法	中国香港地区保险保障基金制度：10 年 新加坡保险保障基金制度：10 年 马来西亚存款保险制度：10~12 年
欧盟：保险保障基金制度内部研究报告	欧盟在险价值法	欧盟保险保障基金制度：10 年

第五章
我国保险保障基金风险费率结构和水平研究

第一节 风险费率定价方法说明

建立风险费率制度，最具有挑战的是要找到一个合理的方法区别各保险公司的风险状况。目前可用的方法有很多，包括定量标准方法和定性标准方法。但不管采用哪种方法，都应当具有前瞻性。

一、定量标准方法

定量标准方法一般以事实或数据为依据，区分保险公司的风险状况，并据此确定保险公司的风险类别和对应的费率水平。某些定量标准方法依赖于一个风险评价指标，有些则依赖于多个风险评价指标。常用的风险费率定量标准方法主要有风险分级法、期望损失法和期权定价法。

风险分级法通常使用一个或多个风险评价指标来区分保险公司的风险状况，最经常使用的风险衡量指标是偿付能力充足率。偿付能力充足率衡量保险公司资本的充足性，是抵御保险公司资产或收入遇到不利变化时最主要的缓冲。尽管资本很重要，但其他风险评价指标也会考虑在内，如保费增长率、投资收益率等。

期望损失法根据保险公司违约概率、风险暴露度和违约损失程度确定破产保险公司的预期损失。

期权定价法同样用来区分保险公司的风险，但由于合理数据获取的困难性，此方法缺乏实际可操作性。

与定性标准方法相比，定量标准方法依赖于客观的事实和数据，更加透明，争议点较少。但其有效性高度依赖于高品质、一致、可靠和及时的数据，对于很多定量标准方法都很难实现。例如，在采用预期损失法时，多数国家仅使用有限历史违约数据和损失经验数据来计算参数。同时，大多数定量标准方法均依赖于保险公司过去的财务数据，不足以反映保险公司未来的破产风险。

二、定性标准方法

定性标准方法通常包含多个风险评价指标，依赖于监管形式、监管判断、评分系统及法律法规等。评估的内容通常包括保险公司的业务经营状况和财务状况、业务风险和财务风险等。不同的国家采用的定性标准方法不同，且可能包括定量因素，在确定风险评价指标及其对应的权重时通常采用专业的判断。风险费率制度可以采用更多的定性指标评价保险公司的风险状况，如监管者收到的与保险公司相关的其他公司的信息、独立机构评级信息、行业分析人士和其他专家的意见等。

定性标准方法可以提供关于保险公司当前和未来风险状况的重要信息。但同时采用定性指标衡量保险公司风险状况比较主观，要求保险保障基金管理机构通过自己的判断，确定相关的信息是否会影响保险公司的安全性和稳定性。另外，定性指标对所有保险公司来说，可能缺乏可比性和一致性。

与定量标准方法相比，定性标准方法不透明，需要更多专业的判断，且具有更大的自由裁量权。这可能会让保险公司对评价结果产生质疑，增加申诉量。同时，定性标准方法未考虑重要的定量因素，如保险公司的偿付能力充足率。

三、定量与定性综合标准方法

定量与定性综合标准方法综合考虑定量因素和定性因素区分保险公司的风险状况。该方法综合了定量标准方法和定性标准方法的优点，考虑了保险公司更广泛的信息，更加综合和有效地评估保险公司的风险状况。目前实施风险费率保险保障基金制度的国家（地区）较少，在这些国家中，韩国、马来西亚都是采用该方法；而从实施风险费率存款保险制度的国家（地区）中可以看到，大部分国家（地区）都采用此方法，如美国、加拿大、中国台湾、马来西亚、阿根廷、土耳其和哈萨克斯坦等。由此可见，定量与定性综合标准方法是风险费率定价方法的主流。

定量与定性综合标准方法需要考虑的一个重要问题是如何确定定量指标和定性指标之间的权重。韩国、马来西亚的保险保障基金风险费率制度中，定量指标的权重更大；实施存款保险风险费率制度的国家（地区）中，有些国家（地区）定量指标的权重和定性指标的权重各占50%，更多的国家（地区）将更高的权重赋予定量指标。

四、方法总结

无论采用以上哪种方法进行风险费率定价，都可能面临以下几个重要挑战。

一是每个风险评价指标的阈值确定。风险评价指标的阈值确定需要考虑经济状况。风险费率制度具有周期性，在经济环境好的情况下，保险公司可能归属于征费率较低的风险组别，在经济环境不好的情况下，归属于征费率较高的风险组别。保险保障基金管理机构应当考虑经济周期的影响，在各风险评价指标的权重之间取得平衡。

二是风险评价指标的相关信息收集和验证。保险保障基金管理机构收集相关的信息，应考虑对保险公司造成的负担，同时考虑信息验证的成本，保证信息始终准确、一致。

三是风险评价指标的有效性。风险评价指标应当能及时地反映大多数保险公司现有的风险状况。考虑到保险公司的风险不断变化，需要及时评估风险状况。因此，有必要平衡数据收集和风险评估成本与风险评估的时效性。

四是其他挑战。风险费率定价的评估方法，还需要考虑该方法是否适用于不同类型的保险公司，是否考虑行业龙头保险公司和规模较小的保险公司的不同。

总之，不管采用哪种方法区分保险公司的风险状况并确定费率水平，选择的方法应具备如下条件：一是能有效地区分保险的风险状况并适当分类，二是能利用各种相关信息，三是具有前瞻性，四是被各保险公司普遍接受。

第二节 我国风险费率定价方法建议

我们建议，我国保险保障基金筹集风险费率定价采用监管评价体系分类法，即结合监管对保险公司的分类监管体系对保险公司的保险保障基金缴费费率进行上浮、持平或下调。在"偿二代"正式实施后，监管机构根据保险公司风险综合评级指标得分结果，将保险公司分为A、B、C、D类。我们建议风险费率定价充分利用"偿二代"的结果，将风险综合评级指标作为风险分级指标，根据保险公司的风险状况将其分为A、B、C、D四个类别，并设定不同的费率。其中，费率水平不区分产品线或产品类型。

表5-1　　　　　　　　　我国风险费率水平示例

保险公司类别	寿险公司费率水平	财险公司费率水平
类别A	Rate A1	Rate A2
类别B	Rate B1	Rate B2
类别C	Rate C1	Rate C2
类别D	Rate D1	Rate D2

一、风险分类指标

（一）选择风险分类指标的原则

（1）无论其规模或复杂性，能够公正地评价保险公司的风险状况；

（2）鼓励保险公司改善风险状况；

（3）考虑定量及定性因素，也包含前瞻性因素；

（4）依据准确、可靠和及时的信息；

（5）以"偿二代"的数据为依据；

（6）制定一个客观及透明的制度，以便保险公司了解并可以管理其风险状况；

（7）确保保险保障基金管理机构和保险公司没有自由裁量权，不可以随意改变风险评价指标得分。

在此原则下，我们建议风险分类指标仅采用风险综合评级指标，该指标能够科学、有效地衡量保险公司的风险。其中，风险综合评级指标的科学性，主要指的是风险综合评级指标全面科学地衡量了保险公司的风险；而有效性主要指风险综合评级指标衡量保险公司的风险具有可操作性、低成本性。

（二）风险综合评级指标概况

风险综合评级指标全面科学地衡量了保险公司的风险状况，衡量的风险包括可量化的固有风险、控制风险和难以量化的固有风险。风险综合评级，即分类监管评价，综合偿付能力充足率及难以量化风险的评价结果，评价保险公司的综合偿付能力风险。分类监管评价结果综合反映了保险公司偿付能力风险的整体状况，包括资本充足状况和其他偿付能力风险状况。

分类监管评价采用加权平均法，其中，量化风险评分所占权重为50%，难以量化风险评分所占权重为50%。偿付能力充足率决定量化风险评分。保险公司计算偿付能力充足率的最低资本包括三部分：（1）量化风险最低资本，即保险风险、市场风险、信用风险对应的最低资本；（2）控制风险最低资本；（3）附加资本，包括逆周期附加资本、国内系统重要性保险机构的附加资本、全球系统重要性保险机构的附加资本以及其他附加资本等。难以量化风险包括操作风险、战略风险、声誉风险和流动性风险。

（三）风险综合评级指标评价

采用风险综合评级指标衡量保险公司的风险状况，具有以下特征。

1. 该方法属于定量与定性综合标准方法

可量化风险最低资本的计算属于定量方法，该指标主要以事实和数据为依据，反映客观因素的可靠性和数据的合理性和时效性，该方法客观、透明地衡量了保险公司的风险状况，争议的空间不大。控制风险的最低资本是保险公司根据偿付能力风险管理评估结果计算的，保险公司风险管理能力的自评估有一定的主观性，可量化风险和控制风险通过最低资本计

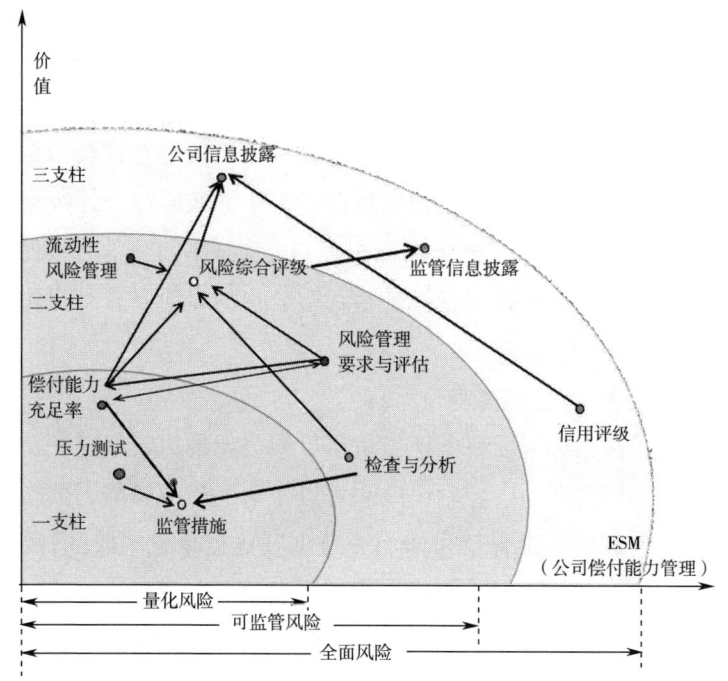

资料来源：中国保监会。

图 5-1 "偿二代"下三支柱

量。资本为保险公司面对损失提供的缓冲，强势的资本能确保保险公司具有足够的偿付能力。该偿付能力充足率反映了保险公司遵守保监会实施的监管资本的程度，显示了保险公司的资本充裕度和对不利情景的容忍度。

但是，仅有强势资本，无法维持保险公司业务的可持续性。保险公司有能力确保营运上的健全及业务的持续性也很重要。风险综合评级指标引入难以量化风险的评估属于定性衡量标准方法，利用定性因素确定保险公司的风险状况。此方法偏重监管及监督判断，由保监会和各下属保监局根据职责分工，共同对保险公司进行风险综合评价。它提供了保险公司现有和未来风险概况的重要资讯。

2. 该方法具有科学性

对于保险公司破产的原因，加拿大产险保障公司（保险保障基金）于2009年发布 Inadequately Pricing the Promise of Insurance 研究报告，指出自

1979 年以来，加拿大有 32 家产险公司被监管机构清算退场，其中 11 家公司财务还算健全，但因母公司（多为国际型企业）倒闭而结束营业，另有 14 家产险公司因定价不当、赔款准备金不足或成长过快而关闭，剩余 7 家公司中有 3 家因资本不足或再保险安排失当，有 1 家因不堪巨灾损失的冲击，有 3 家因管理失当而退出市场。

风险综合评级指标衡量保险公司面临的七大风险，这七大风险包括可量化风险中的保险风险、市场风险、信用风险，以及难以量化风险中的操作风险、战略风险、声誉风险和流动性风险。由此可见，风险综合评级指标全面覆盖了保险公司破产风险。

3. 该方法具有有效性

从技术上看，采用风险综合评级结果作为风险分级指标，解决了风险分级指标中设定阈值和设定权重的难题。

从管理成本角度来看，保险保障基金公司能够及时获得保险公司分类监管评价结果，获取的资讯准确、可靠和及时，数据获取和管理的成本都较低。对保险公司来说，不需要为风险费率制度提供额外的资料，节省成本支出。同时，风险综合评级结果较稳定，保险公司能较准确地预测短中期内需要支付的保险保障基金成本。

采用风险综合评级结果，能公平地反映各保险公司的风险状况，各公司容易接受，相应的风险费率制度推行的阻力较小。

该方法客观透明。一方面，保险保障基金公司和保险公司都无法随意改变风险评价指标的得分。另一方面，保险公司熟悉了解风险评价指标，有利于改善自身的风险状况，使其能争取使用更低的风险费率水平。

二、费率征收基础

（一）国际经验

国际保险保障基金协会（IFIGS）在 2015 年发表文章"Principles of Funding for an Insurance Guarantee Scheme"，汇总了其 17 个成员的费率征收基础，征收基础包括保费、风险最低资本、准备金负债、保费与准备金相结合的形式、单位保单固定收费等，如图 5-2 所示。

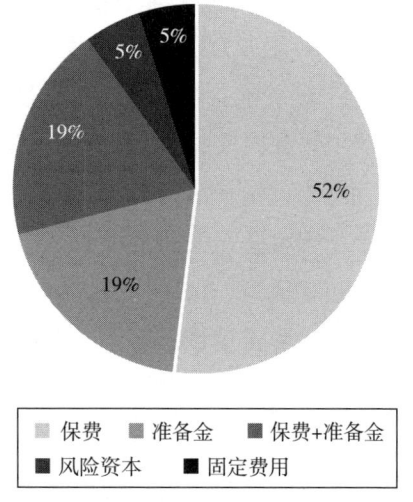

资料来源：IFIGS, Principles of Funding for an Insurance Guarantee Scheme.

图 5-2　IFIGS 成员国保险保障基金征收基础情况统计

从统计的国家的实践经验来看，保险保障基金的征收基础并未统一。但总体来看，寿险业务主要以准备金为征收基础，非寿险业务以保费收入为基础，且大部分国家都采用再保前的保费收入和准备金作为保障基金的征收基础。

（二）费率征收基础建议

我国的保险保障基金制度在 2008 年发布《保险保障基金管理办法》之前，采用当年保费收入（净保费收入）作为基金征收基础。当年保费收入是指保费收入减分出保费加分入保费的总额。2008 年修正的保险保障基金制度，开始以总保费收入（业务收入）作为基金征收基础。业务收入是指投保人按照保险合同约定，为购买相应的保险产品支付给保险公司的全部金额。当年保费收入和业务收入的差别在于是否考虑再保险。我们认为，由于保单持有人保险利益针对的对象是保险公司，与再保险公司无关，再保险前的负债更能反映保险公司对保单持有人的责任。

以保费作为保险保障基金的征收基础，可以让保单持有人很容易明白其计算方式。但是，若保险保障基金制度实行的是以保费为征收基础的单一费率制度，恐怕有失公平性。

第五章 我国保险保障基金风险费率结构和水平研究

我们注意到,采用何种的费率征收基础,只是费率计算的指标不同而已,费率征收的复杂性和合规性是相同的。我们总结了不同费率征收基础的特点,具体如表 5-2 所示。

表 5-2　　　　　　不同的费率征收基础的对比分析

征收基础类别	特点	具体征收基础	具体细项特点
• "偿二代"最低资本	• 反映了公司承担的风险 • 数据易获得 • 额外考虑了高现价产品的风险 • 独立账户负债不计算风险资本	• "偿二代"最低资本	• 数据在"偿二代"正式实施后,需经审计并公开披露
• 保费	• 简单,易操作 • 未体现公司的实际风险状况	• 规模保费	• 难以确认未经审计的"规模保费"数据的正确性
		• 原保费收入 + 新增保户储金	• 数据可汇总获得,不含投连险独立账户新增交费
		• 原保费收入	• 数据易获得
• 准备金	• 代表了保险公司对保单持有人的责任,也反映了公司破产时保障基金承担的责任 • 易受人为操作影响 • 各家公司之间采用的假设方法不同,准备金难以对比 • 相比保费指标,不稳定,难预测	• "偿二代"准备金	• 数据易获得 • 不包含投连险独立账户负债
		• 会计准备金 + 保户储金及投资款 + 独立账户负债	• 数据可通过汇总获得
		• 会计准备金 + 保户储金及投资款	• 数据可通过汇总获得
		• 会计准备金	• 数据易获得 • 不包含未经过重大保险风险测试的产品的保户储金和投连险的独立账户负债

续表

征收基础类别	特点	具体征收基础	具体细项特点
• 准备金+保费收入	• 结合了保费和准备金的特点	• 准备金和保费收入	
• 现金价值	• 相比准备金，少了人为操作影响	• 现金价值	

通过对比，在综合考虑各类别的征收基础的优劣情况下，我们建议采用"偿二代"下的最低资本代替规模保费作为基金的征收基础。

一方面，采用"偿二代"下的最低资本作为基金的征收基础，具有明显的优势。

第一，"偿二代"下的最低资本从以规模导向转为风险导向，与国际发展趋同，符合当前的监管思路。

第二，"偿二代"下的最低资本包括量化风险的最低资本、控制风险的最低资本以及附加资本。从"偿二代"正式实施以来，保监会统计的近几期各保险公司的最低资本数据来看，"偿二代"下最低资本的指标确实有效反映了各保险公司的风险状况。

第三，"偿二代"下的最低资本数据需经审计，并公开披露，保险保障基金公司容易获得此数据，并且可以验证此数据的正确性。

另一方面，采用其他指标作为基金的征收基础，具有明显的不足。

第一，以保费作为基金的征收基础，未能体现公司真实的风险状况。如两家保费规模相当的保险公司，其中一家公司主要经营保障型保险产品，另外一家公司主要经营中短存续期保险产品。从保险风险来看，经营中短存续期保险产品的公司面临的风险较高，但是以保费作为征收基础征收的保障基金相同，并未反映公司真实的风险状况。德国寿险保障基金公司负责人曾提到，当时德国财政部长主张寿险保障基金机制的资金来源依据准备金比率而不是保费比率，其中一个原因是，寿险保障基金机制是要保障负债而不是资产，因为寿险公司的负债等于被保险人的权益。另一个原因是，如果每年保费金额持续锐减，用保费的比率计提资金会使得寿险保障基金机制的资金来源锐减。用一个例子比较两者的区别，假设德国发生一次金融危机，造成寿险公司失去清偿能力，且寿险业接下来每年的保费收入锐减，用准备金比率计提资金的德国寿险保障基金，在接管失去清偿能力的寿险公司后，每年仍有0.02%的调整准备金计提至寿险保障基金，直到金额达到0.1%调整准备金，不受保费锐减的影响。

第二，准备金反映了保险公司对保单持有人的义务，很多国家都采用准备金作为基金费率征收基础。但是准备金的金额取决于准备金计算方法和采用的假设，具有一定的主观性，容易引发道德风险。同时，各公司采用的计算方法和假设可能不同，很难进行横向对比。我国在"偿二代"实施后，可用的准备金口径有三套，包括法定准备金口径、会计准备金口径、"偿二代"下未考虑剩余边际的准备金口径（认可负债）。若以准备金作为基金费率征收基础，采用何种准备金口径也需要考虑。

三、风险组别

（一）风险组别的数量

对于风险费率制度，风险组别数量的确定是一个重要的事项。从实施保险保障基金风险费率制度的国家（地区）来看，中国台湾为6个风险组别，马来西亚和新加坡均为4个风险组别，韩国为3个风险组别，德国根据保险公司的风险状况采用连续性的公式计算保费。从实施存款保险风险费率制度的国家（地区）来看，最多的风险组别有9个，大部分国家为4个，阿根廷和法国未使用离散型分组，而是采用连续性公式计算保费。

分组越多，可能会使组与组之间的费率差别很小。一方面，设计更多的组别可能降低保险保障基金管理机构对保险公司的审查要求。另一方面，组别过多可能会增加风险费率制度的复杂性，降低保险公司对该制度的重视程度，进而减弱保险公司从一个组别转移到另一个组别的积极性。

决定风险组别数量的另一个因素是每一风险组别中的保险公司风险状况评估结果范围。风险状况最好的保险公司应该归属于最低征费率的风险组别，风险状况最差的保险公司应该归属于最高征费率的风险组别。

总之，风险费率制度的目标是，在考虑保险公司的规模和数量的前提下，设计不同的风险组别，不同的风险组别设定不同的征费率，以此来激励保险公司提高风险管理能力。

（二）不考虑区分产品线或产品类型

我们不建议风险费率制度在分四个级别的基础上，再考虑区分产品线或产品类型。

第一，从收集的国际研究资料来看，没有哪个国家费率的征收区分了产品线或产品类型，都仅区分寿险业务和非寿险业务。实施风险费率制度的国家根据风险状况设定不同风险组别的费率。

第二，C-ROSS 的风险综合评级指标已经综合考虑了各种风险，包括产品风险。在这种情况下，若还区分产品线，一方面会重复考虑产品风险；另一方面，对其他风险的考虑也不公平。

第三，仅设定 A、B、C、D 四个级别的费率，便于管理。如果按照目前制度的划分方法，考虑投资型业务和非投资型业务，保证收益型业务和非保证收益型业务，在风险费率制度下，要设定 40 个不同的费率，这显然不切实际。

第四，在当前制度下，有些产品难以判断是保证收益业务，还是非保证收益业务。仅设定 A、B、C、D 四个级别的费率，解决了目前制度中对业务性质难以判断的问题。

四、不同风险组别的费率水平间距

不同风险组别的费率水平间距应当合理。一方面，不同风险组别之间的费率水平间距应足够大，以激励保险公司提高它们的风险管理能力，从归属于较高征费率的风险组别变动至较低征费率的风险组别。另一方面，不同风险组别之间的费率水平间距不应该太大。如两家公司风险水平差异不是很大，一家公司归属于风险较低的 A 级别，一家公司归属于风险较高的 B 级别，如果 A 级别和 B 级别的风险费率水平差异太大，对 B 级别公司来说是不公平的。

从国际经验来看，主要有三种不同形式的不同风险组别的费率水平间距，包括双倍间距、固定间距、无规律间距。考虑到我国的实际情况，建议采用固定间距的形式。

五、风险费率水平

在目标基金规模和风险费率结构确定的基础上，即可推出风险费率水平。风险费率制度费率水平的设定，一方面要满足保险保障基金制度的资金需求，另一方面要符合预先设定的风险费率结构。确定的风险费率水平要能对保险公司的风险管理形成有效激励。在大多数情况下，实施风险费率制度的国家的主要目标是激励保险公司改善公司风险，而非通过该制度增加基金规模。事实上，从长期来看，保险公司在风险费率制度下不断提高公司自身的风险状况，所需的基金规模会不断减少。每家保险公司无论其经营状况有多好，都可能对其保单持有人带来风险。在此背景下，所有的保险公司都应该缴纳保险保障基金。

保险保障基金的费率水平主要针对采取事前征收和渐进式征收方式的保险保障基金制度。费率水平通常分为初始时期费率水平和平稳时期费率水平。保险保障基金制度初始时期费率水平的设置，主要考虑如何在特定的时间内达到目标基金水平，因此取决于目标基金水平和融资时间两个因素。平稳时期的保险保障基金费率水平主要取决于危机爆发的可能性和损失程度。平稳时期的费率水平通常较低，在达到目标基金规模时可能不再继续征收保险保障基金，甚至会退还部分资金。

六、风险费率结构和水平方案的影响分析

为了合理地设定风险费率制度的费率水平，一些国家对风险费率制度进行模拟测算，测算不同的费率水平对基金规模和保险公司的影响。

对保险公司来说，保险保障基金作为成本支出，对公司的利润和偿付能力产生影响。同时，保险保障基金作为保险公司定价时附加费用的一部分，也会影响公司产品价值。因此，我们将采用敏感性分析和压力情景测算方法，对风险费率结构和水平方案进行影响分析。

第三节 风险费率结构和水平的其他问题考虑

一、各公司采用的费率是否公开披露

高风险的保险公司采用较高的风险费率,已经给高风险保险公司带来较大的财务压力。如公开披露费率信息,可能对其经营产生一定的影响。一方面,公司可能借此机会加强风险管理,降低风险费率水平;但另一方面,公司若经营不善,会加速其财务状况和偿付能力状况的恶化。如不公开披露费率信息,保险保障基金制度中可以约定各公司对采用的费率负有保密义务,防止不正当的市场竞争。

从国际经验来看,尚未有国家公开各公司采用的风险费率水平。但我国的证券投资者保护基金风险费率制度公开披露各证券公司采用的风险费率水平。针对将要实施的保险保障基金筹集风险费率制度,如果采用风险综合评级作为风险分类指标,由于风险综合评级每季度公开披露,保险保障基金风险费率制度中各公司采用的风险费率水平自然也公开披露。但是如果采用其他指标作为风险分类指标,我们建议,与国际经验趋同,保险保障基金筹集风险费率制度中各公司采用的风险费率水平不公开披露。

二、在保险公司风险评价得分降低的情况下,是否意味着需要提高风险费率

如果仅是一家保险公司的风险评价得分降低,根据风险费率制度的原则,高风险的保险公司采用较高的风险费率,提高其费率水平毫无疑问。但是,如果是出现大量的保险公司的风险评价得分降低,是否也意味着提高各公司的风险费率水平。我们认为,在这种情况下,可能是外部环境发生了变化,若提高这些保险公司的风险费率水平,很可能加剧行业的经营困境。我国证券投资者基金风险费率制度对此的处理方式为我们提供了很好的思路,即当上一年度证券公司亏损面在10%~30%(含)之间时,每一大类的证券公司采用此大类最低的缴纳比例;当亏损面超过30%时,所

有的证券公司都统一按最低的缴纳比例（0.5%）缴纳保护基金。

三、风险费率水平和衡量指标调整的频率

　　风险费率制度较复杂，如果相关的衡量指标和风险费率水平调整过于频繁，对保险保障基金管理机构来说，成本太大，同时也不利于保险公司对其未来财务状况的预期和资本规划。我国保险业处于快速发展时期，外部的宏观经济环境急剧变化，如果相关的衡量指标和风险费率水平不及时调整，很难有效地反映保险公司真实的风险状况。而且，风险费率水平的确定是基于对未来宏观经济情况和保险公司经营的预期，时间太长，预期和实际可能偏差越大。从国内外的经验来看，风险费率制度调整的时间周期通常视经济、金融环境及保险保障基金运营情况确定。在瞬息万变的营运环境下，保险保障基金管理机构需要定期回顾保险保障基金风险费率制度架构，以确保其仍然切实有效。

四、新开业的保险公司第一年适用的风险费率水平

　　对于新开业的保险公司建议适用特别的风险费率水平。通常来说，新开业的保险公司第一年的业务量很小，偿付能力充足率很高。建议参考马来西亚和韩国的经验，对于新开业的保险公司第一年适用最低的风险费率水平。对于问题保险公司或者已采取限制性措施的保险公司，可以参考韩国的经验，确定特别费率。

五、缴纳额度最低限额

　　有些国家对每年的缴纳额度有最低限额，如新加坡、马来西亚、韩国等。最低限额的考虑是保证保险保障基金维持在一定的规模之上。目前我国现行监管规定要求保险保障基金最低限额是2万元，如无其他考虑，建议维持现行的最低限额要求。

第六章
我国风险费率制度方案测算及展望

根据我们设计的风险费率制度方案,我们将对目标基金比率和行业平均费率水平进行测算。在确定行业平均费率水平的基础上,结合各公司分类评级结果,测算出不同风险组别的费率水平。

第一节 测算数据和假设说明

一、测算数据说明

本书对截至 2015 年底数据完备的保险公司进行风险费率制度方案的测算,具体如表 6-1 所示。其中,与"偿二代"相关数据来源于中国保监会,基金规模和保费收入等数据来源于中国保险保障基金公司。

表 6-1　　　　　　　　测算数据说明汇总表

单位:家	寿险	产险
2015 年底公司数量	75	73
减:未提供分类评级结果	6	11
减:无须缴纳保险保障基金	2	0
减:其他数据不完备	2	2
参与测算的公司数量	65	60

注:(1)新设立的保险公司无风险综合评级;
(2)国寿集团存续产品无风险综合评级;
(3)华汇人寿未披露财务报告;
(4)中国信保无须披露财务报告;
(5)泰康在线未披露财务报告;
(6)本次测算数据除了最低资本数据为 2016 年第一季度数据、风险综合评级采用第二季度数据外,其他数据均截至 2015 年 12 月 31 日。

二、测算假设说明

根据我们建议的保险保障基金风险费率筹集方案，我们将基于对未来保障基金规模、基金运营情况、保险公司资产规模、保费收入、最低资本规模等的预期，在融资时间确定的情况下，测算相应的基金风险费率水平。我们的方案将涉及很多假设，这些假设对我们测算的费率水平的结果有重要的影响。在本次测算中，我们采用的具体假设包括：

（1）资产损失率：根据相关的研究资料（具体参考附表8），在缺乏历史经验的情况下，可假设 LGD 为 50%；

（2）融资时间：参考国际经验，融资时间假定为 10 年；

（3）资产增长率：基于对不同风险类别的公司资产经验分析，数据来源于各公司年报、保监会官网和中国保险统计年鉴；

（4）最低资本增长率：基于对不同风险类别公司的最低资本经验分析，数据来源于各公司年报；

（5）规模保费增长率：基于对不同风险类别的规模保费经验分析，数据来源于保险保障基金公司、保监会官网和中国保险统计年鉴；

（6）基金投资收益率：基于对基金投资收益的经验分析，数据来源于保险保障基金公司；

（7）基金成本支出增长率：基于对基金成本支出的经验分析，数据来源于保险保障基金公司。

第二节 目标基金比率和行业平均费率水平测算

我们建议在考虑国际目标基金比率经验的基础上，通过在确定的融资时间内，目标基金规模能处理一家大型或几家中小型保险公司破产损失的方法，确定目标基金比率。综合考虑产险、寿险目前的基金比率与现行监管规定下的目标基金比率，我们对产险、寿险进行不同的情景测算。

一、产险公司目标基金比率和行业平均费率水平测算

情景1：维持现行的目标基金比率6%，行业平均费率水平需调高至

11.28%（以最低资本为征收基础），可覆盖资产排名第 4 位的财产险公司。

情景 2：维持现行的行业平均费率 4.42% 不变（以最低资本为征收基础），预计 10 年后目标基金比率 2.71%，可覆盖资产排名第 6 位公司（第 6 位公司的资产不足第 5 位公司的一半，差距很大）。

情景 3：调低现行的行业平均费率至 1.89%（以最低资本为征收基础），预计 10 年后目标基金比率为 1.5%（国际经验区间 0.8%~1.5%），可覆盖资产排名第 8 位公司。

情景 4：根据资产排名第 10 位的公司资产和 50% 资产损失率，确定目标基金比率。此方法计算的目标基金比率为 0.65%，可覆盖资产排名第 10 位公司。

情景 5：以资产平均值和 50% 资产损失率，确定目标基金比率。此方法计算的目标基金比率为 0.7%，可覆盖资产排名第 10 位公司。

情景 6：以资产排名中间 5 位的公司资产总和及 50% 资产损失率，确定目标基金比率。此方法计算的目标基金比率为 0.45%，可覆盖资产排名第 11 位公司。

表 6-2　　　　　　财产险公司目标情景比率测算

不同的情景	目标基金比率	费率（规模保费）	费率（最低资本）	可覆盖公司
维持现行制度的目标基金比率	6.00%	2.05%	11.28%	第 4 位
维持现行的 0.8% 的固定费率水平	2.71%	0.80%	4.42%	第 6 位
目标基金比率 1.5%（国际水平 0.8%~1.5%）	1.50%	0.34%	1.89%	第 8 位
以资产排名第 10 位的公司资产确定目标基金比率	0.65%	0.02%	0.12%	第 10 位
以资产的平均值确定目标基金比率	0.70%	0.04%	0.22%	第 10 位
资产排名中间 5 位的公司资产总和确定目标基金比率	0.45%	-0.05%	-0.30%	第 11 位

第六章 我国风险费率制度方案测算及展望

表6-3　　　　　财产险公司2015年资产排名

公司名称	2015年资产（亿元）	2015年资产占比（%）	2015年资产排名
人保财险	4204	25.0	1
安邦财险	2687	16.0	2
平安财险	2521	15.0	3
天安财险	1692	10.1	4
太保财险	1250	7.4	5
国寿财险	653	3.9	6
中华联合财险	530	3.2	7
阳光财险	397	2.4	8
大地财险	386	2.3	9
太平财险	211	1.3	10
华泰财险	150	0.9	11
华安财险	140	0.8	12
永安保险	123	0.7	13
英大泰和财险	122	0.7	14
中银财险	119	0.7	15
其他	1626	9.7	

我们对财产险公司设定了不同的情景进行测算，我们发现：（1）财产险公司需要大幅提高现行征费率水平才能达到6%的目标基金比率；（2）维持现行的行业平均费率0.8%不变，目标基金比率已经远超过其他国家的目标基金比率水平；（3）维持现行的行业平均费率0.8%不变，目标基金规模覆盖资产排名第6位公司的破产损失。

基于以上分析，我们建议适度调低财产险公司现行的行业平均风险费率水平，可考虑目标基金比率调整至国际水平的上限1.5%，对应的行业平均费率水平可调低至1.89%（以最低资本为征收基础）。

二、寿险公司目标基金比率和行业平均费率水平测算

情景1：维持现行的目标基金比率1%，行业平均费率水平需调高至

1.65%（以最低资本为征收基础），可覆盖资产排名第 11 位的财产险公司。

情景 2：维持现行的行业平均费率 0.15% 不变（以规模保费为征收基础），预计 10 年后目标基金比率 0.44%，可覆盖资产排名第 15 位公司。

情景 3：调高现行的行业平均费率至 0.92%（以最低资本为征收基础），预计 10 年后目标基金比率为 0.6%（国际经验区间 0.6%~1.0%），可覆盖资产排名第 13 位公司。

情景 4：以资产排名第 10 位的公司资产和 50% 资产损失率，确定目标基金比率。此方法计算的目标基金比率为 1.35%，可覆盖资产排名第 10 位公司。

情景 5：以资产平均值和 50% 资产损失率，确定目标基金比率。此方法计算的目标基金比率为 0.7%，可覆盖资产排名第 13 位公司。

情景 6：以资产排名中间 5 位的公司资产总和及 50% 资产损失率，确定目标基金比率。此方法计算的目标基金比率为 0.6%，可覆盖资产排名第 13 位公司。

表 6-4　　　　　　　　　寿险公司目标情景比率测算

不同的情景	目标基金比率	费率（规模保费）	费率（最低资本）	可覆盖公司
维持现行制度的目标基金比率	1.00%	0.40%	1.65%	第 11 位
维持现行的 0.15% 的固定费率水平	0.44%	0.15%	0.62%	第 16 位
目标基金比率 0.6%（国际水平 0.6%~1.0%）	0.60%	0.22%	0.92%	第 13 位
以资产排名第 10 位的公司资产确定目标基金比率	1.35%	0.55%	2.30%	第 10 位
以资产的平均值确定目标基金比率	0.70%	0.26%	1.10%	第 13 位
资产排名中间 5 位的公司资产总和确定目标基金比率	0.60%	0.22%	0.92%	第 13 位

表 6-5　　　　　寿险公司 2015 年资产排名

公司名称	2015 年资产（亿元）	2015 年资产占比（%）	2015 年资产排名
中国人寿	24483	25.8	1
平安人寿	16122	17.0	2
太保寿险	7601	8.0	3
新华保险	6594	6.9	4
泰康人寿	5441	5.7	5
人保寿险	3576	3.8	6
富德生命人寿	3429	3.6	7
太平人寿	3111	3.3	8
华夏人寿	2624	2.8	9
安邦人寿	2562	2.7	10
前海人寿	1559	1.6	11
阳光人寿	1458	1.5	12
友邦保险上海分公司	987	1.0	13
和谐健康	888	0.9	14
国华人寿	855	0.9	15
其他	13661	14.4	

我们对寿险公司设定了不同的情景进行测算，我们发现：（1）寿险公司需要大幅提高现行征费率水平才能达到 1% 的目标基金比率；（2）维持现行的行业平均费率 0.15% 不变，目标基金比率依然低于其他国家的目标基金比率水平。

基于以上分析，我们建议适度调高寿险公司现行的行业平均风险费率水平，可考虑目标基金比率调整至国际水平的下限 0.6%，对应的行业平均费率水平可调低至 0.92%（以最低资本为征收基础）。

第三节　风险费率结构和水平测算结果

我国现行的保险保障基金制度费率水平依据不同的产品特性有所

区别，主要是不同的产品保险公司承担的风险不同。费率水平有以下特征：

（1）费率水平区分寿险业务和非寿险业务，非寿险业务缴纳比例高于寿险业务；

（2）投资型业务缴纳比例远低于非投资型业务，无保证收益的业务缴纳比例远低于有保证收益的业务；

（3）长期险业务缴纳比例远低于短期险业务。

不考虑时间因素的话，风险费率水平可用数学公式简单描述如下：征收基础×行业平均费率水平 = ∑_（k = A，B，C，D）[（对应组别的征收基础×对应组别的风险费率水平）]。其中，征收基础是以最低资本为征收基础；行业平均费率水平是根据目标基金规模和征收基础得出行业平均水平；在确定组别费率水平时，可以采取以下方案：（1）双倍间距，即由 A 类保险公司起，每个组别的费率在上一级的基础上乘以 2；（2）固定间距，即由 A 类保险公司起，每个组别的费率在上一级的基础上增加固定的比率。

当确定组别费率水平采用的方案后，便可将风险费率公式转变为一元

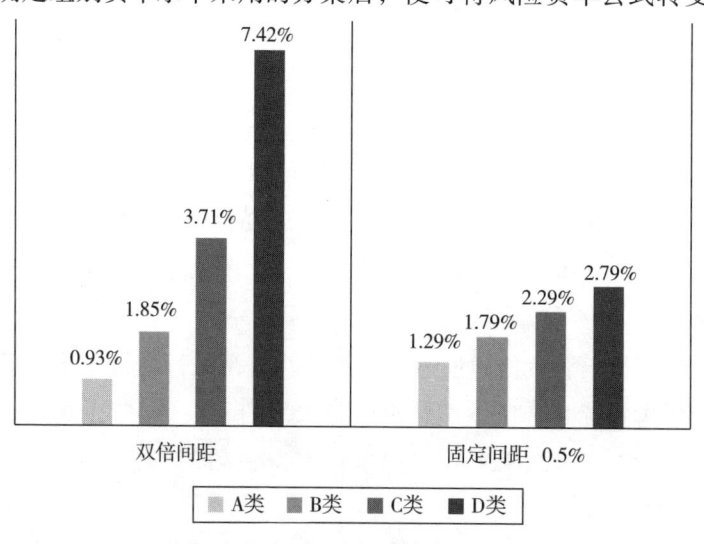

图 6-1　产险 1.5% 目标基金规模下，
1.89% 行业平均费率水平等价的风险费率水平

一次方程得出风险费率水平：以"偿二代"下最低资本作为征收基础，假定 10 年后分别达到特定的目标基金比率，以建议方案为例，风险费率水平如下。

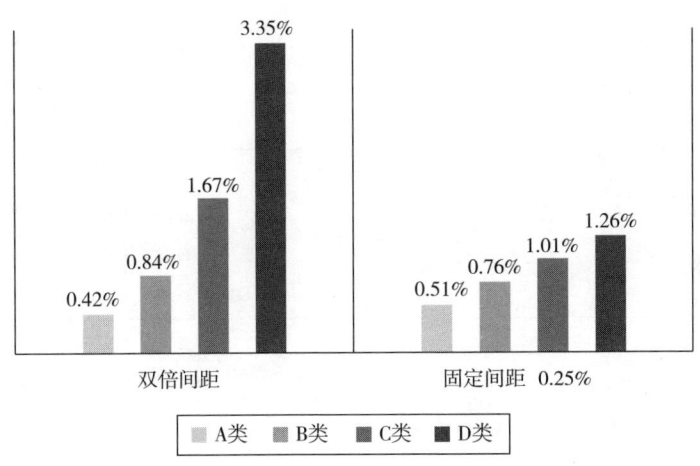

图 6-2　寿险 0.6% 目标基金规模下，
0.92% 行业平均费率水平等价的风险费率水平

由此可见，基金筹集风险费率水平受目标基金规模、征费基础增长率和资产增长率、分类评级等影响。

一、不同目标基金规模下的产寿险风险费率水平

（一）以目标基金规模为变量测算产险风险费率水平

目标基金规模对产险费率水平影响较大，我们测算了不同的目标基金规模下的风险费率水平，包括：（1）维持现行制度的目标基金比率 6%；（2）维持现行的 0.8% 的固定费率水平，10 年后目标基金比率为 2.71%；（3）国际经验水平的上限为 1.5%；（4）基金救济项目方案二下 B 类一家公司破产；（5）基金救济项目方案二下 C 类两家公司破产。具体的测算结果如下：

表 6-6 财产险公司以最低资本为征收基础，固定间距模式下的风险费率水平

产险不同的情景	目标基金比率	平均费率（征收基础为最低资本）	固定间距（1.0%）风险费率水平（征收基础为最低资本）
维持现行制度的目标基金比率	6.00%	11.28%	A 类：10.11% B 类：10.11% + 0.5% C 类：10.11% + 2×0.5% D 类：10.11% + 3×0.5%
维持现行的 0.8% 的固定费率水平	2.71%	4.42%	A 类：3.66% B 类：3.66% + 0.5% C 类：3.66% + 2×0.5% D 类：3.66% + 3×0.5%
目标基金比率 1.5%（国际水平 0.8%~1.5%）	1.50%	1.89%	A 类：1.29% B 类：1.29% + 0.5% C 类：1.29% + 2×0.5% D 类：1.29% + 3×0.5%
基金救济项目方案二下 B 类一家公司破产*	2.40%	3.78%	A 类：3.05% B 类：3.05% + 0.5% C 类：3.05% + 2×0.5% D 类：3.05% + 3×0.5%
基金救济项目方案二下 C 类两家公司破产*	2.67%	4.33%	A 类：3.58% B 类：3.58% + 0.5% C 类：3.58% + 2×0.5% D 类：3.58% + 3×0.5%

备注：*基金救济项目产险公司按照 2015 年全年保费收入分成 5 类，A 类公司为保费前三家，B 类公司为除 A 类公司外保费超过 100 亿元的公司，C 类公司保费收入 50 亿~100 亿元，D 类公司保费收入 10 亿~50 亿元，E 类公司保费收入小于 10 亿元。

从表 6-6 中可以看出，若采用国际水平下的 1.5% 目标基金比率，各组别的风险费率水平将远低于目标基金比率 2.7% 下的风险费率水平，若要达到现行制度下 6% 的目标基金比率，需要大幅提高各组别的风险费率水平。

（二）以目标基金规模为变量测算寿险风险费率水平

目标基金规模对产险费率水平影响较大，我们测算了不同的目标基金

规模下的风险费率水平,包括:(1)维持现行制度的目标基金比率1%;(2)维持现行的0.15%的固定费率水平,10年后目标基金比率为0.44%;(3)国际经验水平的下限为0.6%;(4)基金救济项目方案二下B类一家公司破产;(5)基金救济项目方案二下C类两家公司破产。具体的测算结果如下:

表6-7 寿险公司以最低资本为征收基础,固定间距模式下的风险费率水平

寿险不同的情景	目标基金比率	平均费率(征收基础为最低资本)	固定间距(0.5%)风险费率水平(征收基础为最低资本)
维持现行制度的目标基金比率	1.00%	1.65%	A类:1.52% B类:1.52%+0.25% C类:1.52%+2×0.25% D类:1.52%+3×0.25%
维持现行的0.15%的固定费率水平	0.44%	0.62%	A类:0.51% B类:0.51%+0.25% C类:0.51%+2×0.25% D类:0.51%+3×0.25%
目标基金比率0.6%(国际水平0.6%~1.0%)	0.60%	0.92%	A类:0.80% B类:0.80%+0.25% C类:0.80%+2×0.25% D类:0.80%+3×0.25%
基金救济项目方案二下B类一家公司破产*	0.93%	1.52%	A类:1.40% B类:1.40%+0.25% C类:1.40%+2×0.25% D类:1.40%+3×0.25%
基金救济项目方案二下C类两家公司破产*	0.50%	0.74%	A类:0.61% B类:0.61%+0.25% C类:0.61%+2×0.25% D类:0.61%+3×0.25%

注:*基金救济项目寿险公司按照2015年全年保费收入分成6类,A类公司规模保费1000亿元以上,B类公司规模保费400亿~1000亿元,C类公司规模保费200亿~400亿元,D类公司规模保费100亿~200亿元,E类公司规模保费30亿~100亿元,F类公司规模保费30亿元以下。

从表 6-7 中可以看出，若采用国际水平下的 0.6% 目标基金比率，各组别的风险费率水平将高于目标基金比率 0.44% 下的风险费率水平，且要达到现行制度下 1% 的目标基金比率较为困难，需要大幅提高各组别的风险费率水平，因此可通过逐步调高风险费率水平，以达到高于 0.4% 的目标基金比率。

二、建议方案下的产寿险风险费率水平

（一）产险风险费率水平

我们建议产险的目标基金比率为 1.5%，根据保监会"偿二代"下的分类监管评级结果，测算产险的风险费率水平如表 6-8 所示。

表 6-8　"偿二代"监管评级下的产险费率水平测算结果

级别	保监会"偿二代"分类监管评级下产险风险费率水平及相应的公司（目标基金比率1.5%）		
A 类	1.29%（% 最低资本）	0.18% < 0.8%（% 规模保费）	24 家公司：国寿财险、大地财险、华安财险、华泰财险、英大泰和财险、永诚保险、安诚财险、国元农业财险、资金财险、浙商财险、安华农险、渤海财险、长安责任保险、美亚保险、三井住友保险、北部湾财险、长江财险、鑫安汽车、日本财险、东京海上保险、现代财险、富德财险、爱和谊财险、日本兴亚财险
B 类	1.29% + 0.5%（% 最低资本）	0.18% + 0.1% < 0.8%（% 规模保费）	35 家公司：人保财险、安邦财险、平安财险、太保财险、天安财险、中华联合财险、阳光财险、太平财险、中银财险、永安保险、安盛天平财险、信达财险、鼎和财险、都邦财险、民安财险、阳光农业相互保险、泰山保险、诚泰财险、安联财险、中航安盟、史带财险、锦泰财险、中意财险、安信农业保险、三星财险、众诚汽车保险、苏黎世保险、中煤财险、利宝保险、富邦财险、华农保险、瑞再企商保险、乐爱金财险、丘博保险、信利保险
C 类	1.29% + 2 × 0.5%（% 最低资本）	0.18% + 2 × 0.1% < 0.8%（% 规模保费）	1 家公司：国泰财险
D 类	1.29% + 3 × 0.5%（% 最低资本）	0.18% + 3 × 0.1% < 0.8%（% 规模保费）	无

第六章 我国风险费率制度方案测算及展望

由此看出,在风险费率制度下,产险的费率水平大幅下降,即使 D 类保险公司,在风险费率制度下的费率水平也小于单一费率制度下的费率水平。

(二) 以分类评级为变量测算寿险风险费率水平

我们建议寿险的目标基金比率为 0.6%,根据保监会"偿二代"下的分类监管评级结果,测算产险的风险费率水平如表 6-9 所示:

表 6-9 "偿二代"监管评级下的寿险费率水平测算结果

级别	保监会"偿二代"分类监管评级下寿险风险费率水平及相应的公司(目标基金比率0.6%)		
A 类	0.80% (%最低资本)	0.16% > 0.15% (%规模保费)	21 家公司:中国人寿、平安人寿、新华人寿、泰康人寿、太平人寿、民生人寿、信诚人寿、珠江人寿、信泰人寿、英大泰和人寿、天安人寿、利安人寿、中荷人寿、恒安标准人寿、太平养老保险、吉祥人寿、北大方正人寿、泰康养老保险、陆家嘴国泰人寿、长生人寿、复星保德信人寿
B 类	0.80% + 0.25% (%最低资本)	0.16% + 0.1% > 0.15% (%规模保费)	42 家公司:太保人寿、人保寿险、富德生命人寿、华夏人寿、安邦人寿、阳光人寿、友邦保险、前海人寿、中邮保险、合众人寿、农银人寿、光大永明、工银安盛人寿、国华人寿、建信人寿、中意人寿、幸福人寿、和谐健康保险、人保健康保险、中美联泰大大都会人寿、君康人寿、平安养老保险、百年人寿、中英人寿、长城人寿、华泰人寿、中宏人寿、招商信诺人寿、中德安联人寿、瑞泰人寿、交银康联人寿、同方全球人寿、东吴人寿、弘康人寿、昆仑健康人寿、汇丰人寿、中银三星人寿、中新大东方人寿、平安健康保险、君龙人寿、中韩人寿、中法人寿
C 类	0.80% + 2×0.25% (%最低资本)	0.16% + 2×0.1% > 0.15% (%规模保费)	无
D 类	0.80% + 3×0.25% (%最低资本)	0.16% + 3×0.1% > 0.15% (%规模保费)	2 家公司:中融人寿、新光海航人寿

由此看出，在风险费率制度下，寿险的费率水平有所提升，即使 A 类保险公司，在风险费率制度下的费率水平也大于单一费率制度下的费率水平。

第四节　结论与展望

根据本书对保险保障基金筹集风险费率水平的研究，我们提出以下建议：

（1）以"偿二代"下的风险综合评级为风险分类指标；

（2）将产险寿险公司的风险费率水平分为四级，且不区分产品线；

（3）以最低资本为费率征收基础征收保险保障基金；

（4）采用"基本费率+风险费率"的形式体现不同风险组别的费率水平；

（5）适度调低财产险公司现行的行业平均风险费率水平，可考虑目标基金比率调整至国际水平的上限1.5%，对应的风险费率水平如表6-10所示；

（6）适度调高寿险公司现行的行业平均风险费率水平，可考虑目标基金比率调整至国际水平的下限0.6%，对应的风险费率水平如表6-11所示。

表6-10　　　建议方案下的财险公司风险费率水平

寿险公司风险类别	方案一（融资时间10年）	方案二（融资时间15年）
A 类公司	0.80%	0.74%
B 类公司	0.80% + 0.25%	0.74% + 0.25%
C 类公司	0.80% + 2×0.25%	0.74% + 2×0.25%
D 类公司	0.80% + 3×0.25%	0.74% + 3×0.25%

表6-11　　　建议方案下的寿险公司风险费率水平

财险公司风险类别	方案一（融资时间10年）	方案二（融资时间15年）
A 类公司	1.29%	1.72%
B 类公司	1.29% + 0.5%	1.72% + 0.5%
C 类公司	1.29% + 2×0.5%	1.72% + 2×0.5%
D 类公司	1.29% + 3×0.5%	1.72% + 3×0.5%

注：此费率水平仅是根据截至2015年底可获得保险公司数据测算得到的结论。

总体而言，我国的保险保障基金制度起步较晚，而且存在一些问题，借实施基金筹集风险费率制度的契机可对其进行完善。从国际来看，实施保险保障基金风险费率制度的国家仅有5个。我国若实施保险保障基金风险费率制度，将处于国际领先行列。同时，实施保险保障基金风险费率制度是对"偿二代"成果的一次重大的应用，以风险为导向，将与国际发展形势趋同。我们希望，通过基金筹集风险费率制度的实施能够切实保护保单持有人的利益，进一步推动我国保险保障基金制度的发展，稳定保险业发展体系和金融体系。

附　表

附表1：主要国家（地区）保险保障基金征收时点汇总

序号	国家/地区	征收时点	
		寿险	非寿险
1	中国	事前征收	
2	中国台湾	事前征收	
3	中国香港	事前事后混合征收	
4	新加坡	事前征收	
5	日本	事前征收	
6	美国（NAIC）	事后征收	
	纽约	事前事后混合征收	
7	加拿大	事后征收	事前事后混合征收
8	英国	事前征收	
9	澳大利亚	事后征收	
10	德国	事前征收	事后征收
11	马来西亚	事前征收	
12	韩国	事前征收	

附表2：主要国家（地区）保险保障基金费率征收基础汇总

序号	国家/地区	费率征收基础	
		寿险	非寿险
1	中国	保费收入	
2	中国台湾	保费收入	
3	中国香港	保费收入	
4	新加坡	准备金	新单：保费收入 存量单：准备金
5	日本	保费收入和准备金	
6	美国（NAIC）	保费收入	
	纽约	保费收入	
7	加拿大	保费收入	
8	英国	保费收入与准备金	
9	澳大利亚	不确定	
10	德国	净准备金	
11	马来西亚	普通伊斯兰保险和普通保险业务：净保费 家庭团结伊斯兰保险或人寿保险业务：准备金	
12	韩国	保费收入和准备金的算术平均	

附表3：主要国家（地区）保险保障基金费率水平汇总

序号	国家/地区	费率水平	
		寿险	非寿险
1	中国	• 非投资型财产保险按照保费收入的0.8%缴纳，投资型财产保险，有保证收益的，按照业务收入的0.08%缴纳，无保证收益的，按照业务收入的0.05%缴纳； • 有保证收益的人寿保险按照业务收入的0.15%缴纳，无保证收益的人寿保险按照业务收入的0.05%缴纳； • 短期健康保险按照保费收入的0.8%缴纳，长期健康保险按照保费收入的0.15%缴纳； • 非投资型意外伤害保险按照保费收入的0.8%缴纳，投资型意外伤害保险，有保证收益的，按照业务收入的0.08%缴纳，无保证收益的，按照业务收入的0.05%缴纳。	
2	中国台湾	不同风险等级每年缴纳比例不同： 第一级：0.113%/0.125%/0.138%/0.150% 第二级：0.123%/0.145%/0.168%/0.190% 第三级：0.130%/0.160%/0.190%/0.220% 第四级：0.143%/0.185%/0.228%/0.270% 第五级：0.158%/0.215%/0.273%/0.330% 第六级：0.175%/0.250%/0.325%/0.400%	不同等级每年缴纳比例不同： 第一级：0.180% 第二级：0.200% 第三级：0.230% 第四级：0.270% 第五级：0.320% 第六级：0.380%
3	中国香港	人寿和非人寿计划初期征费率应订为适用保费的0.07% 此费率的假设是： • 人寿计划初期预定的基金金额应为12亿港元；以及 • 非人寿计划初期预定的基金金额应为7500万港元； • 目标是在15年内达到初期预定的基金金额。	
4	新加坡	风险评级费率 低：0.028% 中低：0.033% 中高：0.049% 高：0.142% 成员公司每年缴费最低为2500美元	风险评级费率 低：0.106% 中低：0.121% 中高：0.181% 高：0.529% 成员公司每年缴费最低为2500美元

附 表

续表

序号	国家/地区	费率水平	
		寿险	非寿险
5	日本	各事业年度会员的负担金额为下列金额的合计额，机构成立当年的负担金额为下述年度金额除以12乘以机构成立的月数（截至年底；包括机构成立当月） • 各会员一年间收取的保费中，依行政法规和财政部规章规定算定的金额乘以负担金率； • 各会员在事业年度末留存的责任准备金中，依行政法规和财政部规章规定算定的金额乘以负担金率。	
6	美国（NAIC）	各州根据其实际情况确定比例，一般在保费收入的1%~2%之间。	
6	纽约	• 行政管理费（A）由管理保险保障基金的董事会决定，可采取定额的方式收取，限额根据认可资产来确定：（1）每年200美元（5000万美元以下认可资产）；（2）1000美元（认可资产在5000万到1亿美元之间）；（3）2000美元（认可资产在1亿美元以上）。 • 也可以与B或C的保险保障基金合并采取比例征收。 其计算公式有两个：一是以破产公司被保险人债务金额来确定比例：破产公司上一年各账户保费收入与破产公司上一年所有账户保费收入之比，乘以破产公司应支付被保险人的债务。二是以单个保险公司前三年各账户保费收入之总额与所有公司前三年各账户的保费收入总额来确定。	—
7	加拿大	缴费 = 评估的总补偿额 × 保险公司保费收入/所有参与保险公司的保费收入	
8	英国	根据预计所需的资金，由各保险公司按照保费与储本金数额分摊。	
9	澳大利亚	—	—
10	德国	• 寿险为再保后准备金的0.02% • 健康险为再保后准备金的0.2%	

续表

序号	国家/地区	费率水平	
		寿险	非寿险
11	马来西亚	不同征费类别征收费率不一致： • 寿险业务 类别1：0.025% 类别2：0.05% 类别3：0.10% 类别4：0.20% • 非寿险业务 类别1：0.025% 类别2：0.05% 类别3：0.10% 类别4：0.20% • 寿险业务最低年度征费额度： 类别1：75000 林吉特 类别2：150000 林吉特 类别3：300000 林吉特 类别4：600000 林吉特 • 非寿险业务最低年度征费额度： 统一为 25000 林吉特 • 伊斯兰保险运营者的费率制度改用风险费率制度： （1）家庭团结伊斯兰保险 类别1：0.10% 类别2：0.20% 类别3：0.40% 类别4：0.80% （2）普通伊斯兰保险 类别1：0.025% 类别2：0.05% 类别3：0.10% 类别4：0.20% 最低年度征费额度： 类别1：75000 吉林特 类别2：150000 吉林特 类别3：300000 吉林特 类别4：600000 吉林特	
12	韩国	准备金的0.15%，且不低于100000 韩元	

附表4：主要国家（地区）保险保障基金费率筹集限额汇总

序号	国家/地区	筹集限额	
		寿险	非寿险
1	中国	公司总资产1%	公司总资产的6%
2	中国台湾	未说明缴纳限额	未说明缴纳限额
3	中国香港	设定目标基金规模，未说明缴纳限额	设定目标基金规模，未说明缴纳限额
4	新加坡	0.61%×保障保单的负债	1.51%×保障保单的毛保费
5	日本	—	500亿日元
6	美国（NAIC）	不超过破产前3个日历年的平均年保费的2%	净自留保费的2%
	纽约	未说明缴纳限额	—
7	加拿大	1亿加拿大元	1000万加拿大元
8	英国	6.90亿英镑	6亿英镑
9	澳大利亚	—	—
10	德国	自有资本的0.1%	
11	马来西亚	—	—
12	韩国	达到目标基金后享受折扣，准备金的0.660%~0.935%	达到目标基金后享受折扣，准备金的0.825%~1.100%

附表5：主要国家（地区）保险保障基金保障险种范围汇总

序号	国家/地区	保障险种范围		
		保障/不保障	寿险	非寿险
1	中国	保障	除了不保障范围内的保险产品。	
		不保障	不属于救助范围： • 保险公司承保的境外直接保险业务； • 保险公司的再保险分入业务； • 由国务院确定的国家财政承担最终风险的政策性保险业务； • 保险公司从事的企业年金受托人、账户管理人等企业年金管理业务； • 保险公司被依法撤销或者依法实施破产，其董事、高级管理人员或者股东因违反法律、行政法规或者国家有关规定，对公司被依法撤销或者依法实施破产负有直接责任的，对该董事、高级管理人员在该保险公司持有的保单利益、该股东在该保险公司持有的财产损失保险的保单利益，保险保障基金不予救助。	
2	中国台湾	保障	除了不保障范围内的保险产品。	
		不保障	不属于救助范围： • 未经台湾地区法令许可之保险业在台湾地区所销售之保险契约； • 台湾地区人身保险业之境外（总）分支机构在境外销售之保险契约； • 保险商品之专设账户部分； • 依据劳工退休金条例年金保险实施办法规定销售之劳工退休企业年金保险契约及劳工退休个人年金保险契约； • 再保险契约。	不属于救助范围： 适用于财产保险业在台湾地区合法销售之保险契约，但不包括再保险合约。

续表

序号	国家/地区	保障/不保障	保障险种范围	
			寿险	非寿险
3	中国香港	保障	涵盖所有在香港直接承保的人寿保单,如定期寿险保单、终身寿险保单、储蓄寿险保单、年金保单、投资相连保单及为永久伤残投保的保单等。	包括所有在香港直接承保的非人寿保单,而已由汽车保险局及保险公司(雇员补偿)无力偿债管理局管理的赔偿计划的保单除外。常见的有意外及健康保险保单、家居保险保单、火险保单、旅游保险保单以及业主法团投保的第三者责任保单。
		不保障	不属于救助范围: • 再保险公司、退休计划及专属自保保险公司。	
4	新加坡	保障	所有人寿保单均在保障范围内,包括签发给海外的保单。 保单险种包括: 个人定期寿险、个人终身寿险、个人两全寿险、个人年金、个人短期和长期健康意外险、团体定期寿险、团体终身寿险、团体两全保险、团体年金、团体短期和长期健康险意外险。	所有强制车险保单以及员工补偿保险保单均为保障对象。 保单险种包括:个人车险保单、个人旅游保单、个人财产保单、外籍家佣保险、个人和团体的短期健康险和意外险保单。
		不保障	新加坡本地注册的保险公司的海外分支机构签发的保单。	上述范围之外的保单不在保障范围内,如团体财产险保单和个人学费保险保单。
5	日本	保障	大部分人寿保单。	强制机动车责任保险、住宅地震风险保险、非强制机动车保险、火灾保险、短期人身意外伤害保险、境外旅游者人身伤害保险、个人养老金和意外伤害保险、储蓄人身意外伤害保险、养老金固定缴款人身意外伤害保险、其他类型的财产险(包括一般责任

续表

序号	国家/地区	保障/不保障	保障险种范围	
			寿险	非寿险
5	日本	保障	大部分人寿保单。	保险、动产综合保险、海上保险、内陆运输保险、信用保险、职工意外、赔偿责任保险等）、其他类型的疾病和人身意外伤害保险（包括收入赔偿保险、医疗费用保险、护理费用保险等）。
		不保障	团险保单的独立账户部分不属于救助范围。	上述范围之外的保单不在保障范围内。
6	美国（NAIC）	保障	人寿保险、健康保险和年金保险。	不在保障范围之内的都受到保障，包括员工补偿保险和未赚保费。
		不保障	• 保险公司没有保证的部分或者风险由保单持有人承担的部分； • 再保险合同，除非合同里面含有某些特殊条款； • 保单的预定利率在承担给付义务时，超过以下利率的值，即此保单的年平均预定利率超过同期穆迪企业债券评级之平均收益率减2%的值，或者此保单的预定利率超过最近穆迪企业债券收益率减3%的值； • 保单的分红部分； • 未被正式核保通过的保险合同等。	寿险、年金、健康保险和残疾保险、抵押保证保险、财务保证保险、忠诚与保证担保保险、信用保险、供应商单一利益保险、抵押保障保险或任何类似的保险保障因债务人与债权人交易的债权人的利益、担保或服务合同保险、产权保险、海洋保险、非保险合同、政府担保的保险合同。
	纽约	保障	寿险合同、健康险合同、年金保险合同及这些保单的附属合同。	—

续表

序号	国家/地区	保障/不保障	保障险种范围	
			寿险	非寿险
6	纽约	不保障	• 变额寿险保单、变额年金保单以及保险人不予以保证的可变收益； • 风险由保单持有人承担的合同； • 由再保险合同承担的部分； • 通过纽约保险交易所发行的合同； • 被保险人为非美国市民或非永久居民； • 由非美元缴纳保费的合同。	—
7	加拿大	保障	• 寿险产品：人寿保险、重大疾病保险、健康保险、残疾收入保险、长期护理保险、年金保险、保本基金保险、团体保险； • 存储型保险产品：累积年金、团体退休、免税储蓄账户保险。	意外险和健康险、车险、锅炉和机械保险、信用保险、诉讼费用保险、责任保险、财产保险（包括家财险）。
		不保障	无	在曼尼托巴省或萨斯喀彻温省的车险，或一些特殊险种如保证保险、忠诚保险、海洋保险和航空保险。
8	英国	保障	大部分寿险保险。	
		不保障	大部分非寿险保单。	
9	澳大利亚	保障	—	大部分保单，救助计划启动后28天内的索赔。
		不保障	—	未赚保费不保障。
10	德国	保障	所有寿险产品。	仅个人健康险。
		不保障	无	无

续表

序号	国家/地区	保障/不保障	保障险种范围	
			寿险	非寿险
11	马来西亚	保障	• 死亡及相关利益； • 永久残缺； • 严重疾病； • 届满价值（不包括投资联结保单的单位部分）； • 退保价值累积现金红利； • 残障收入； • 年金收入； • 医药开销； • 可退还预付保费。	• 有关以下财物的损失或毁坏：坐落在马来西亚的不动产，在马来西亚注册的汽车或是驶入马来西亚的外国注册受保汽车，由马来西亚公民或居民、坐落在马来西亚的常设机构或领事馆所投保的船、飞机或其他动产。 • 死亡及相关利益；永久残缺、严重疾病、残障收入、医药开销。 • 有关第三者的赔偿索偿：合格的第三者之不动产或动产损失或毁坏、死亡及相关利益、永久残缺、疾病或受伤、残障收入、医药开销。 • 可退还预付保费。
		不保障	• 在此制度下，不获保障的保险或伊斯兰保险利益，包括以外币为面额的保险及伊斯兰保险保单以及无形财物的毁坏； • 投资连结保险保单的投资部分不获保障，但有关保单下的保险及伊斯兰保险部分在此制度下是获得保障的； • 再保险及伊斯兰再保险公司； • 在1984年伊斯兰保险法令下持有执照的国际伊斯兰保险营运者； • 专属自保险业者及专家承保者； • 国家基金担保有限公司； • 离岸保险； • 在保险业里的其他业者，如保险经纪人、保险理赔员及保险代理员或财务顾问。	

续表

序号	国家/地区	保障险种范围		
		保障/不保障	寿险	非寿险
12	韩国	保障	• 个人保单； • 定额供款退休金产品/被 KDIC 保障的个人退休账户存款； • 保本金融信托产品。	
		不保障	• 投保人或保单持有人为企业的保单； • 保证保险和再保险保单； • 变额保险合同的主合同部分等。	

附表6：主要国家（地区）保险保障基金保障的保单持有人范围汇总

序号	国家/地区	保障的保单持有人范围	
		寿险	非寿险
1	中国	区分机构与个人保单持有人，保障利益不同	
2	中国台湾	不区分机构和个人保单持有人	
3	中国香港	区分机构和个人保单持有人，大型企业保单持有人不在受保障范围内	
4	新加坡	不区分机构和个人保单持有人	
5	日本	不区分机构和个人保单持有人	区分个人和机构保单，包含中小企业和由居民组织的协会
6	美国（NAIC）	不区分机构和个人保单持有人	
	纽约	不区分机构和个人保单持有人	
7	加拿大	不区分机构和个人保单持有人	
8	英国	区分机构和个人保单持有人，大型企业保单持有人不在受保障范围内	
9	澳大利亚	—	区分机构和个人保单持有人，保障利益不同
10	德国	—	—
11	马来西亚	区分机构和个人保单持有人，保障利益不同	
12	韩国	区分机构和个人保单持有人，机构保单持有人不在受保障范围内	

附表7：主要国家（地区）保险保障基金保障的保障额度汇总

序号	国家/地区	保障额度	
		寿险	非寿险
1	中国	• 保单持有人为个人的，救助金额以转让后保单利益不超过转让前保单利益的90%为限； • 保单持有人为机构的，救助金额以转让后保单利益不超过转让前保单利益的80%为限。	• 保单持有人的损失在5万元人民币以内的部分，保险保障基金予以全额救助； • 保单持有人为个人的，对其损失超过5万元人民币的部分，保险保障基金的救助金额为超过部分金额的90%；保单持有人为机构的，对其损失超过5万元人民币的部分，保险保障基金的救助金额为超过部分金额的80%。
2	中国台湾	• 身故、残废、满期、重大疾病（含确定罹患、提前给付等）保险金：以每一被保险人计，每一保险事故；或每一被保险人之所有满期契约（含主附约），为得请求金额之90%，最高以300万元新台币为限； • 年金（含寿险之生存给付部分）：以每一被保险人计，所有契约为得请求金额之90%，每年最高以20万元新台币为限； • 医疗给付（不包含长期照护给付）：以每一被保险人计，每一保险事故为得请求金额，每年最高以30万元新台币为限； • 长期照护给付：以每一被保险人计，每一保险事故为得请求金额，每年最高以24万元新台币为限；	• 依保险契约请求保险赔款或保险金者，垫付之范围、单项金额及总额限制如下： (1) 申请强制汽车责任保险给付者，依强制汽车责任保险给付标准垫付； (2) 申请住宅地震保险赔款者，依住宅地震保险危险分散机制实施办法规定垫付； (3) 申请与伤害保险及健康保险有关之医疗给付者，应依本基金对人身保险业动用范围及限额规定办理； (4) 同一被保险人所有前三项以外之其他各种保险契约，为得请求金额之90%，但最高合计以300万元新台币为限。 • 依保险契约请求退还保险费者，按得请求金额40%垫付。

附　表

续表

序号	国家/地区	保障额度	
		寿险	非寿险
2	中国台湾	• 解约金给付：以每一被保险人计，为得请求金额之20%，最高以100万元新台币为限； • 未满期保险费：以每一被保险人计，为得请求金额之40%； • 红利给付：以每一被保险人计，为得请求金额之90%，最高以10万元新台币为限。	
3	中国香港	保障基金支付的赔偿额应设有上限。建议赔偿限额应为：申索额首10万港元的100%，加余额的80%，总赔偿额最高为100万港元。人寿保单的赔偿限额以每份保单计算，而非人寿保单的赔偿限额则以每宗申索计算。	
4	新加坡	• 对于有保证收益的保单，限额规定如下： (1) 个人寿险和自愿团体寿险保单（不含年金）：对于每个保险人：保额50万美元，退保金10万美元； (2) 个人年金和自愿团体年金保单：每个保险人上限为10万美元； (3) 非自愿团体定期寿险保单：每张保单上限为10万美元； (4) 非自愿团体终身寿险保单或两全保单：每张保单保额上限为10万美元，退保上限为5万美元； (5) 非自愿团体年金保单：每张保单10万美元。 • 对于个人或团体的健康险和意外险保单无限额设置（附加险可以增加主险保额的合同除外）。	无限额

续表

序号	国家/地区	保障额度	
		寿险	非寿险
5	日本	个人保险/团体保险： (1) 一般保单：90%×保单准备金 (2) 高利率保单：（90%-设定利率）×保单准备金	• 一般非寿险保单： (1) 交强险/住宅地震保险：①赔款补偿：100%；②满期金及保费返还补偿：100%； (2) 商车险/火灾保险/其他险种：①赔款补偿：保险公司破产前3个月补偿100%，3个月之后补偿80%；②满期金及保费返还补偿：80%； • 意外险和健康险保单： (1) 短期意外险/海外游客意外险：①保险公司破产前3个月补偿100%，3个月之后补偿80%；②满期金及保费返还补偿：80%； (2) 个人年金和意外保险/针对员工的储蓄型意外保险：①赔款补偿：90%；②满期金及保费返还补偿：90%； (3) 其他意外险和健康险保单：①赔款补偿：90%；②满期金补偿：80%，保费返还补偿：90%。
6	美国（NAIC）	• 人寿保险：30万美元；退保费不超过10万美元。 • 健康险：非基本医疗10万美元限额；州法律所要求的残疾保险和长期护理保险为30万美元限额；州法律要求的基本医疗和手术保险为50万美元限额。 • 年金限额25万美元。	根据不同地区的法律有所差别，比较典型的是30万美元，有些州可能会达到50万美元甚至100万美元。
	纽约	无论每一个被保险人在破产倒闭公司有几张保险合同，累积可获得的最多救助和补偿为50万美元。	—

续表

序号	国家/地区	保障额度	
		寿险	非寿险
7	加拿大	• 保证利益：最少85%。 • 保险利益低于下述订明款额的：100% （1）身故利益：200000加拿大元； （2）每月收入：2000加拿大元； （3）健康护理费用：60000加拿大元； （4）现金价值：6000加拿大元。 • 存款类别产品：累积结余的100%，以10000加拿大元为上限。	• 保障利益：限额支付家财险保险最大限额为300000美元，汽车保险和其他非寿险最大限额为250000美元； • 有考虑免额限制； • 未到期保费：未赚保费的70%，每张保单不超过700美元。
8	英国	对于长期险合同，根据《保单持有人法案2015》（《Policyholder Protection Instrument 2015》）第19号、第20号条款，100%保障，无上限要求。	在非寿险保险合同中： • 强制险、职业责任保险，保单持有人由于受伤、疾病导致的死亡或无行为能力的，100%保障； • 其他情况，仅保障90%；根据《保单持有人法案2015》（《Policyholder Protection Instrument 2015》）第19号、第20号条款，逐单确定赔偿额度，无上限要求。
9	澳大利亚	—	• 5000澳大利亚元以下，全额支付。 • 5000澳大利亚元或以上，符合补偿计划，则全额支付；不符合补偿计划规定的，则等同其他无担保债权人，进入清算程序。
10	德国	无补偿（保单持续有效）。	
11	马来西亚	• 死亡及相关利益：500000林吉特； • 永久残缺：500000林吉特； • 严重疾病：500000林吉特； • 届满价值（不包括投资联结保单的单位部分）：500000林吉特；	• 有关以下财物的损失或毁坏：500000林吉特 坐落在马来西亚的不动产，在马来西亚注册的汽车或是驶入马来西亚的外国注册受保汽车，由马来西亚公民或居民、

续表

序号	国家/地区	保障额度	
		寿险	非寿险
11	马来西亚	• 退保价值：500000 林吉特； • 累积现金红利：100000 林吉特； • 残障收入：每月 10000 林吉特； • 年金收入：每月 10000 林吉特； • 医药开销：100% 费用； • 可退还预付保费：100% 预付保费	坐落在马来西亚的常设机构或领事馆所投保的船、飞机或其他动产。 • 死亡及相关利益：500000 林吉特； • 永久残缺：500000 林吉特； • 严重疾病：500000 林吉特； • 残障收入：每月 10000 林吉特； • 医药开销：100% 费用。
12	韩国	5000 万韩元的保障限额。	

附表 8：资产损失率 LGD 研究资料汇总

研究/委托机构	研究资料	采用/建议 LGD
欧盟委员会（European Commission）	Insurance Guarantee Schemes – derivation of Loss Distributions and Funding Needs, 2010 年	• 15%：参考欧盟委员会 2007 年研究报告 Insurance Guarantee Schemes in the EU； • 45%：参考《巴塞尔协议》基础内部信用评级法信用模型（Basel II Foundation IRB Credit Risk Module）。
香港财经事务及库务局	《咨询文件——保单持有人保障基金》，2011 年	• 寿险 10%~50%：参考其他国家经验； • 财险 20%~60%：参考其他国家经验。
国际存款保险机构协会（IADI）	Evaluation of Deposit Insurance Fund Sufficiency on the Basis of Risk Analysis, 2011 年	• 45%：参考《巴塞尔协议》基础内部信用评级法信用模型（Basel II Foundation IRB Credit Risk Module）； • 50%：缺乏历史经验下； • 100%：最保守情况下。

附　件

附件1：德国寿险公司风险费率计算示例

风险加权费率计算方式如下例所示：假设德国有20家寿险公司，分别是COM1至COM20，并假设此20家寿险公司净责任准备金（Net Reserve）和偿付能力充足率（Solvency Ratio）如表1所示。其计算各公司的计提金额，分为以下五个步骤：

表1　德国保险保障基金费率计提制度风险加权费率计算方式（一）

公司	偿付能力充足率	净责任准备金
COM1	60	500
COM2	70	300
COM3	80	200
COM4	90	400
COM5	100	900
COM6	110	150
COM7	120	50
COM8	130	250
COM9	140	150
COM10	150	450
COM11	160	600
COM12	170	800
COM13	180	650
COM14	190	300
COM15	200	200
COM16	210	1500
COM17	220	50
COM18	230	500
COM19	240	1000
COM20	250	600
Sum		9550

步骤一：各寿险公司依据偿付能力充足率由小到大进行排序，并列上各自的净责任准备金。

依照偿付能力充足率对寿险公司进行排序（自小到大），并列上各自的净责任准备金。

步骤二：寿险公司分组。

（1）寿险业之总净责任准备金（Total Net Reserves）为9550，9550的20%是1910。

（2）低风险寿险公司，累积的净责任准备金须起码达到1910（换句话说，就是至少要超过20%的总净责任准备金），此低风险的公司是COM18至COM20，累积的净责任准备金是2100。

（3）高风险寿险公司，累积的净责任准备金须起码达到1910，因此高风险的公司是COM1至COM5，累积的净责任准备金是2300。

（4）中风险寿险公司，剩下的COM6至COM17归为此类。

表2 德国保险保障基金费率计提制度风险加权费率计算方式（二）

公司	偿付能力充足率	净责任准备金	高风险公司累积净准备金	低风险公司累积净准备金	风险等级
COM1	60	500	500		高风险
COM2	70	300	800		高风险
COM3	80	200	1000		高风险
COM4	90	400	1400		高风险
COM5	100	900	2300		高风险
COM6	110	150			中风险
COM7	120	50			中风险
COM8	130	250			中风险
COM9	140	150			中风险
COM10	150	450			中风险
COM11	160	600			中风险
COM12	170	800			中风险
COM13	180	650			中风险
COM14	190	300			中风险
COM15	200	200			中风险
COM16	210	1500			中风险
COM17	220	50			中风险
COM18	230	500		2100	低风险
COM19	240	1000		1600	低风险
COM20	250	600		600	低风险
Sum		9550			

步骤三：计算风险系数。

（1） 20%的低风险寿险公司，COM18 至 COM20，风险系数 0.75。

（2） 20%的高风险寿险公司，COM1 至 COM5，风险系数 1.25。

（3） 60%的中风险寿险公司，COM6 至 COM17，风险系数根据公式：

$$1.25 - \frac{偿付能力充足率 - 最差偿付能力充足率}{2 \times (最佳偿付能力充足率 - 最差偿付能力充足率)}$$

举例来说：

COM 6 的风险系数是 $1.2115 = 1.25 - \dfrac{110 - 100}{2 \times (230 - 100)}$

COM 7 的风险系数是 $1.1731 = 1.25 - \dfrac{120 - 100}{2 \times (230 - 100)}$

COM 8 的风险系数是 $1.1346 = 1.25 - \dfrac{130 - 100}{2 \times (230 - 100)}$

其他风险系数参考下列表格第六栏风险系数。

表3　德国保险保障基金费率计提制度风险加权费率计算方式（三）

公司	偿付能力充足率	净责任准备金	高风险公司累积净准备金	低风险公司累积净准备金	风险系数
COM1	60	500	500		1.2500
COM2	70	300	800		1.2500
COM3	80	200	1000		1.2500
COM4	90	400	1400		1.2500
COM5	100	900	2300		1.2500
COM6	110	150			1.2115
COM7	120	50			1.1731
COM8	130	250			1.1346
COM9	140	150			1.0962
COM10	150	450			1.0577
COM11	160	600			1.0192
COM12	170	800			0.9808
COM13	180	650			0.9423
COM14	190	300			0.9038

续表

公司	偿付能力充足率	净责任准备金	高风险公司累积净准备金	低风险公司累积净准备金	风险系数
COM15	200	200			0.8654
COM16	210	1500			0.8269
COM17	220	50			0.7885
COM18	230	500		2100	0.7500
COM19	240	1000		1600	0.7500
COM20	250	600		600	0.7500
Sum		9550			

步骤四：计算调整系数，以保证所有寿险公司每年计提的保险保障基金总金额为寿险业的 0.02%。

（1）将风险系数乘以准备金，再乘以 0.02%，可以求得调整前计提金额。例如 COM1 调整前计提金额是 $0.1250 = 1.25 \times 500 \times 0.02\%$。

（2）将 20 家公司的计提金额加总，可求得总调整前计提金额 1.8694。

（3）将 20 家公司的总净责任准备金 9550 乘以 0.02%，可求得实际需要的总计提金额 1.91。

根据公式：调整系数 = $\dfrac{\text{实际需要计提的总计提金额}}{\text{调整前总计提金额}}$

调整系数 = 1.0217

表4　德国保险保障基金费率计提制度风险加权费率计算方式（四）

公司	偿付能力充足率	净责任准备金	风险系数	风险系数×0.02%
COM1	60	500	1.2500	0.1250
COM2	70	300	1.2500	0.0750
COM3	80	200	1.2500	0.0500
COM4	90	400	1.2500	0.1000
COM5	100	900	1.2500	0.2250
COM6	110	150	1.2115	0.0363
COM7	120	50	1.1731	0.0117
COM8	130	250	1.1346	0.0567
COM9	140	150	1.0962	0.0329

续表

公司	偿付能力充足率	净责任准备金	风险系数	风险系数×0.02%
COM10	150	450	1.0577	0.0952
COM11	160	600	1.0192	0.1223
COM12	170	800	0.9808	0.1569
COM13	180	650	0.9423	0.1225
COM14	190	300	0.9038	0.0542
COM15	200	200	0.8654	0.0346
COM16	210	1500	0.8269	0.2481
COM17	220	50	0.7885	0.0079
COM18	230	500	0.7500	0.0750
COM19	240	1000	0.7500	0.1500
COM20	250	600	0.7500	0.0900
Sum		9550		1.8694

步骤五：计算调整后计提金额。

将各公司调整前计提金额乘以调整系数，求得各公司实际计提金额。

例如，COM1实际计提金额是 $0.1277 = 0.1250 \times 1.0217$；COM2实际计提金额是 $0.0766 = 0.0750 \times 1.0217$。其他实际计提金额请参考表5第七栏实际计提金额。

表5　德国保险保障基金费率计提制度风险加权费率计算方式（五）

公司	偿付能力充足率	净责任准备金	风险系数	风险系数×净责任准备金×0.02%	调整系数	实际计提金额
COM1	60	500	1.2500	0.1250	1.0217	0.1277
COM2	70	300	1.2500	0.0750	1.0217	0.0766
COM3	80	200	1.2500	0.0500	1.0217	0.0511
COM4	90	400	1.2500	0.1000	1.0217	0.1022
COM5	100	900	1.2500	0.2250	1.0217	0.2299
COM6	110	150	1.2115	0.0363	1.0217	0.0371
COM7	120	50	1.1731	0.0117	1.0217	0.0120
COM8	130	250	1.1346	0.0567	1.0217	0.0580

续表

公司	偿付能力充足率	净责任准备金	风险系数	风险系数×净责任准备金×0.02%	调整系数	实际计提金额
COM9	140	150	1.0962	0.0329	1.0217	0.0336
COM10	150	450	1.0577	0.0952	1.0217	0.0973
COM11	160	600	1.0192	0.1223	1.0217	0.1250
COM12	170	800	0.9808	0.1569	1.0217	0.1603
COM13	180	650	0.9423	0.1225	1.0217	0.1252
COM14	190	300	0.9038	0.0542	1.0217	0.0554
COM15	200	200	0.8654	0.0346	1.0217	0.0354
COM16	210	1500	0.8269	0.2481	1.0217	0.2535
COM17	220	50	0.7885	0.0079	1.0217	0.0081
COM18	230	500	0.7500	0.0750	1.0217	0.0766
COM19	240	1000	0.7500	0.1500	1.0217	0.1533
COM20	250	600	0.7500	0.0900	1.0217	0.0920
Sum		9550		1.8694		1.9100

附件2：台湾安定基金风险费率制度评价指标说明

一、人身险经营管理绩效指标说明

1. 流动性贴水

（1）公式或定义

在新台币保单责任准备金提存利率小于4%，美元保单、澳大利亚元保单流动性贴水采用公司最佳估计基础下，满足准备金余额数（含短年期险及投资型商品VUL一般账户）等于负债公平价值所需于新台币保单责任准备金提存利率大于或等于4%、短年期险及投资型商品VUL一般账户的远期利率全期加计的流动性贴水。

（2）资料来源

各公司每年报送财团法人保险安定基金的"保险合约负债公平价值评

估报告"表 1 的"损益两平流动性贴水 B"。

(3) 评等标准

表 1　　　　流动性贴水指标评等标准及其对应的指标级距

评等	指标级距（前一年度资料）
第一级	小于等于 0
第二级	大于 0，小于等于 1%
第三级	大于 1%，小于等于 1.3%
第四级	大于 1.3%，小于等于 1.5%
第五级	大于 1.5%

2. 利差率指标："资金运用收益率"扣除"平均责任准备金提存利率"

(1) 公式或定义

①资金运用收益率：本期投资收益／[(前期期末可运用资金＋本期期末可运用资金－本期投资收益)／2]；采用前四年度资料的平均值。

②平均责任准备金提存利率：依各公司所填报的前一年度有效契约所提存的责任准备金与其提存预定利率的加权平均利率。

③净利差指标即为上述资金运用收益率扣除平均责任准备金提存利率后的数值。

(2) 资料来源

①资金运用收益率：各公司资讯公开网页。

②平均责任准备金提存利率：各公司每年报送本会的监理年报——表 23。

(3) 评等标准

表 2　　　　利差率指标评等标准及其对应的指标级距

评等	指标级距（前一年度资料）
第一级	大于等于 1.50%
第二级	大于等于 1.00%，小于 1.50%
第三级	大于等于 0，小于 1.00%
第四级	大于等于 -1.00%，小于 0

3. 风控长与内部风险模型

（1）公式或定义

具"经董事会通过任免或符合保险业风险管理实务守则认定之风控长"及"依保险业办理国外投资管理办法第 15 条规定设有内部风险模型并经本会核准通过"的公司列为第一级；具"经董事会通过任免或符合保险业风险管理实务守则认定之风控长"或具"依保险业办理国外投资管理办法第 15 条规定设有内部风险模型并经本会核准通过"或"若无设风控长，但有经董事会通过设立之风险管理委员会"的公司列为第三级；其余则直接列为第五级。

（2）资料来源

①风控长：各公司董事会会议记录或其他足资证明文件。

②内部风险模型：本会核准函。

（3）评等标准

表 3　风控长与内部风险模型指标评等标准及其对应的指标级距

评等	指标级距（前一年度资料）
第一级	具"经董事会通过任免或符合保险业风险管理实务守则认定之风控长"及"依保险业办理国外投资管理办法第 15 条规定设有内部风险模型并经本会核准通过"的公司。
第二级	无
第三级	具"经董事会通过任免或符合保险业风险管理实务守则认定之风控长"或具"依保险业办理国外投资管理办法第 15 条规定设有内部风险模型并经本会核准通过"或"若无设风控长，但有经董事会通过设立之风险管理委员会"的公司。
第四级	无
第五级	第一级及第三级以外情况之公司。

4. 财务杠杆比率

（1）公式或定义

资产总额（扣除分离账户资产）/业主权益

（2）资料来源

各公司资讯公开网页。

（3）评等标准

表 4　　　　财务杠杆比率指标评等标准及其对应的指标级距

评等	指标级距（前一年度资料）
第一级	小于 10
第二级	大于等于 10，小于 15
第三级	大于等于 15，小于 25
第四级	大于等于 25，小于 35
第五级	大于等于 35 或小于 0

5. 保单初年度等价保费占初年度保费比例

（1）公式或定义

前一年度初年度等价保费（FYPE）／前一年度初年度保费（FYP）

（2）资料来源

各公司每月报送财团法人保险事业发展中心的业务月报相关资料。

（3）评等标准

表 5　　　　保单初年度等价保费占初年度保费比例
指标评等标准及其对应的指标级距

评等	指标级距（前一年度资料）
第一级	大于等于 80%，小于等于 100%
第二级	大于等于 60%，小于 80%
第三级	大于等于 40%，小于 60%
第四级	大于等于 25%，小于 40%
第五级	小于 25%

6. 保单死亡保险平均保额

（1）公式或定义

前一年度累计死亡保险保额／前一年度累计死亡保险件数

（2）资料来源

各公司每月报送财团法人保险事业发展中心的监理月报相关资料。

（3）评等标准

表 6　保单死亡保险平均保额指标评等标准及其对应的指标级距

评等	指标级距（前一年度资料）
第一级	大于等于 200 万元新台币
第二级	大于等于 150 万元新台币，小于 200 万元新台币
第三级	大于等于 90 万元新台币，小于 150 万元新台币
第四级	大于等于 50 万元新台币，小于 90 万元新台币
第五级	小于 50 万元新台币

7. 微型保险保费收入

（1）公式或定义

各公司前一年度微型保险总保险费收入。

（2）资料来源

各公司每年报送财团法人保险事业发展中心的微型保险总保险费收入相关资料。

（3）评等标准

①2015 年适用标准

表 7　微型保险保费收入指标评等标准及其对应的指标级距

评等	指标级距（前一年度资料）
第一级	大于等于 90 万元新台币
第二级	大于等于 20 万元新台币，小于 90 万元新台币
第三级	大于等于 0 元新台币，小于 20 万元新台币
第四级	未开办微型保险者
第五级	无

②2016 年适用标准

表 8　微型保险保费收入指标评等标准及其对应的指标级距

评等	指标级距（前一年度资料）
第一级	大于等于 300 万元新台币
第二级	大于等于 200 万元新台币，小于 300 万元新台币
第三级	大于等于 100 万元新台币，小于 200 万元新台币
第四级	大于等于 0 元新台币，小于 100 万元新台币
第五级	未开办微型保险者

8. 金融进口替代指标

（1）公式或定义

以各公司前一年度与本地区金融机构及海外金融机构在台分支机构，从事避险目的的汇率类衍生性金融商品交易的成交契约总（名目）价值合计金额，占其与所有本地区及海外金融机构从事上开交易的成交契约总（名目）价值合计金额的比率（%）；以及前一年度比率较之再前一年度比率的成长率（%）。

（2）资料来源

各公司每月报送财团法人保险事业发展中心的监理月报相关资料。

（3）评等标准

表9　　金融进口替代指标评等标准及其对应的指标级距

评等	指标级距（前二年度资料）	
	以下二者择优适用	
	比率	比率之成长率
第一级	大于等于90%	大于等于6%
第二级	大于等于80%，小于90%	大于等于5%，小于6%
第三级	大于等于70%，小于80%	大于等于4%，小于5%
第四级	大于等于60%，小于70%	大于等于3%，小于4%
第五级	小于60%	小于3%

说明：

①若公司前一年度均未从事海外投资者；或有从事海外投资，但无从事避险衍生性金融商品交易者，其本指标评等为第三级。

②若公司前一年度之再前一年度均未有与本地区金融机构及海外金融机构在台分支机构，从事避险目的之汇率类衍生性金融商品交易者，其仅以本指标评等标准表之比率（%）计算本指标评等。

③本指标比率的计算所使用的换算汇率，以资产负债表日的汇率为基准。

9. 法遵指标

（1）公式或定义

满分100分，对各公司其连续两年间的重大裁罚（罚款金额大于等于

100 万元新台币）次数，每次扣 15 分；对受裁业务限制次数，每次扣 15 分，对非重大裁罚（罚款金额未达 100 万元新台币）次数，每次扣 3 分，对遭纠正次数，每次扣 2 分。

（2）资料来源

本会裁处书或处分书。

（3）评等标准

表 10　　　　　法遵指标评等标准及其对应的指标级距

评等	指标级距（当年度 4 月 30 日起算前 24 个月资料）
第一级	大于等于 95 分
第二级	大于等于 70 分，小于 95 分
第三级	大于等于 60 分，小于 70 分
第四级	大于等于 40 分，小于 60 分
第五级	小于 40 分

二、财产险经营管理绩效指标说明

1. 自留综合率

（1）公式或定义

自留费用率 + 自留满期损失率

（2）资料来源

各公司资讯公开网页。

（3）评等标准

表 11　　　　自留综合率指标评等标准及其对应的指标级距

评等	指标级距（前三年度资料之平均值）
第一级	小于等于 90%
第二级	大于 90%，小于 92%
第三级	大于等于 92%，小于 98%
第四级	大于等于 98%，小于 100%
第五级	大于等于 100%

2. 风控长与风险管理委员会

（1）公式或定义

具"经董事会通过任免之风控长"及"经董事会通过设立之风险管理

委员会"的公司列为第一级；无设"经董事会通过任免之风控长"，但有"经董事会通过设立之风险管理委员会"之公司列为第三级；其余则直接列为第五级。

(2) 资料来源

各公司董事会会议记录或其他足资证明的文件。

(3) 评等标准

表 12　风控长与风险管理委员会指标评等标准及其对应的指标级距

评等	指标级距（前一年度资料）
第一级	具"经董事会通过任免之风控长"及"经董事会通过设立之风险管理委员会"的公司
第二级	无
第三级	无设"经董事会通过任免之风控长"，但有"经董事会通过设立之风险管理委员会"的公司
第四级	无
第五级	第一级及第三级以外情况的公司

3. 精算人员人数

(1) 公式或定义

各公司正式聘雇具本会认可的精算学（协）会的正、副会员或本会认可的机构所举办的精算人员考试及格取得证件的精算人员人数，不含委外的顾问。

(2) 资料来源

各公司。

(3) 评等标准

表 13　精算人员人数指标评等标准及其对应的指标级距

评等	指标级距（前一年度年底资料）
第一级	正会员人数大于等于 4 人
第二级	正会员 3 人或正会员 2 人及副会员 2 人
第三级	正会员 2 人或正会员 1 人及副会员 2 人
第四级	正会员 1 人或副会员 2 人
第五级	无聘雇

4. 年度签证精算报告评等

（1）公式或定义

依各公司年度签证精算报告评等计分。

（2）资料来源

本会函送签证精算报告的覆阅意见函。

（3）评等标准

表14　年度签证精算报告评等指标评等标准及其对应的指标级距

评等	指标级距（本会函送签证精算报告的覆阅意见函）
第一级	优
第二级	次优
第三级	佳
第四级	次佳
第五级	待改善

5. 财务杠杆比率

（1）公式或定义

资产总额（扣除分离账户资产）／业主权益

（2）资料来源

各公司资讯公开网页。

（3）评等标准

表15　财务杠杆比率指标评等标准及其对应的指标级距

评等	指标级距（前一年度年底资料）
第一级	小于等于5
第二级	大于5，小于6
第三级	大于等于6，小于7
第四级	大于等于7，小于8
第五级	大于等于8

6. 自留保费变动率

（1）公式或定义

（本期自留保费累计数－上年同期自留保费累计数）／上年同期自留保

费累计数；

自留保费＝直接保费收入＋再保费收入－再保费支出

（2）资料来源

各公司资讯公开网页。

（3）评等标准

表16　自留保费变动率指标评等标准及其对应的指标级距

评等	指标级距（前三年度年底资料的平均值）
第一级	大于等于15%，且自留综合率小于100%，否则列入第三级
第二级	大于等于5%，小于15%，且自留综合率小于100%，否则列入第三级
第三级	大于等于0，小于5%
第四级	大于－10%，小于0
第五级	小于等于－10%

7. 微型保险保费收入

（1）公式或定义

各公司前一年度微型保险总保险费收入。

（2）资料来源

各公司每年报送财团法人保险事业发展中心的微型保险总保险费收入相关资料。

（3）评等标准

①2015年适用标准

表17　微型保险保费收入指标评等标准及其对应的指标级距

评等	指标级距（前一年度资料）
第一级	大于等于15万元新台币
第二级	大于等于10万元新台币，小于15万元新台币
第三级	大于等于0元新台币，小于10万元新台币，或依规定无法开办此类业务者
第四级	未开办微型保险者
第五级	无

②2016 年适用标准

表 18　微型保险保费收入指标评等标准及其对应的指标级距

评等	指标级距（前一年度资料）
第一级	大于等于 30 万元新台币
第二级	大于等于 20 万元新台币，小于 30 万元新台币
第三级	大于等于 10 万元新台币，小于 20 万元新台币，或依规定无法开办此业务者
第四级	大于等于 0 元新台币，小于 10 万元新台币
第五级	未开办微型保险者

8. 金融进口替代指标

（1）公式或定义

以各公司其前一年度与本地区金融机构及海外金融机构在台分支机构，从事避险目的的汇率类衍生性金融商品交易的成交契约总（名目）价值合计金额，占其与所有本地区及海外金融机构从事上开交易的成交契约总（名目）价值合计金额的比率（%）；以及前一年度比率较之再前一年度比率的成长率（%）。

（2）资料来源

各公司每月报送财团法人保险事业发展中心的监理月报相关资料。

（3）评等标准

表 19　金融进口替代指标评等标准及其对应的指标级距

评等	指标级距（前二年度资料）	
	以下二者择优适用	
	比率	比率之成长率
第一级	大于等于 90%	大于等于 6%
第二级	大于等于 80%，小于 90%	大于等于 5%，小于 6%
第三级	大于等于 70%，小于 80%	大于等于 4%，小于 5%
第四级	大于等于 60%，小于 70%	大于等于 3%，小于 4%
第五级	小于 60%	小于 3%

说明：

①若公司前一年度均未从事海外投资者；或有从事海外投资，但无从事避险衍生性金融商品交易者，其本指标评等为第三级。

②若公司前一年度的再前一年度均未有与本地区金融机构及海外国金融机构在台分支机构,从事避险目的的汇率类衍生性金融商品交易者,其仅以本指标评等标准表的比率(%)计算本指标评等。

③本指标比率的计算所使用的换算汇率,以资产负债表日的汇率为基准。

9. 法遵指标

(1) 公式或定义

满分100分,对各公司其连续两年间之重大裁罚(罚款金额大于等于100万元)次数,每次扣15分;对受裁业务限制次数,每次扣15分,对非重大裁罚(罚款金额未达100万元新台币)次数,每次扣3分,对遭纠正次数,每次扣2分。

(2) 资料来源

本会裁处书或处分书。

(3) 评等标准

表20　　　　　　法遵指标评等标准及其对应的指标级距

评等	指标级距(当年度4月30日起算前24个月资料)
第一级	等于100分
第二级	大于90分,小于100分
第三级	大于80分,小于等于90分
第四级	大于70分,小于等于80分
第五级	小于等于70分

附件3:马来西亚保险保障基金风险费率制度评价指标说明

一、定量准则指标说明

1. 自由资本指数

(1) 定义和公式

自由资本指数衡量个体目标资本指标水平(ITCL)之上的缓冲资本。

该指数反映了成员公司的资本充足度和对不利情景的抵御能力。其计算公式如下：

$$自由资本指数 = \frac{资本充足率(\%)}{个体目标资本水平(\%)}$$

（2）资料来源

表 1　　　　　　　自由资本指数指标资料来源

数据要求	数据来源	备注
资本充足率（CAR）	RBC 偿付能力报告表 A	资本充足率是基于 RBC（Risk – Based Capital）偿付能力监管体系计算得到的，受马来西亚国家银行监管。资本充足率等于当年 4 个季度的资本充足率平均值。
个体目标资本水平（ITCL）	马来西亚国家银行发布的"Guidelines on Internal Capital Adequacy Assessment Process (ICAAP) for Insurers"	成员保险公司最新的 ITCL 在 12 月 31 日由公司和央行决定，如尚未确定，则根据自由资本指数的最低要求（1.00≤自由资本指数≤1.10 范围内的得分）分组。

（3）分组标准

表 2　　　　　　　自由资本指数指标分组标准

自由资本指数（FCI）	自由资本指数（FCI）
得分范围	得分范围
FCI > 1.20	1.00 ≤ FCI ≤ 1.10
1.10 < FCI ≤ 1.20	FCI < 1.00

2. 总保费增长率

（1）定义和公式

总保费增长率衡量成员保险公司经营业务的总保费增长水平。保费的增长会带来稳定的收入，支持公司的运营，提高市场份额。其计算公式如下：

三年加权平均总保费增长率 = 50% × 当年总保费增长率 + 30% × 上年总保费增长率 + 20% × 前年总保费增长率

式中：

当年总保费增长率 =（当年总保费收入 – 上年总保费收入）/上年总

保费收入×100%

（2）资料来源

表3　　　　　　　总保费增长率指标资料来源

数据要求	数据来源	备注
总保费收入	Guidelines for Insurance Companies Statistical Submission（ICSS）表G6	总保费收入包括直接承保的保费（减去契撤）和分入再保保费。

（3）得分标准

表4　　　　　　　总保费增长率指标分组标准

三年加权平均总保费增长率计算结果	得分（%）
三年加权平均总保费增长率＞10%	20
5＜三年加权平均总保费增长率≤10%	14
0＜三年加权平均总保费增长率≤5%	7
三年加权平均总保费增长率≤0	0

3. 业务多元化比率

（1）定义和公式

业务多元化比率衡量保险公司承保业务的分散程度。分散程度高的业务结构可以帮助保险公司避免因为某一业务类别的不利发展而影响到公司的运营。其计算公式如下：

业务多元化率＝（风险边际准备金－基金风险边际准备金）/风险边际准备金×100%

（2）资料来源

表5　　　　　　　业务多元化比率指标资料来源

数据要求	数据来源	备注
风险边际准备金（PRAD）	RBC偿付能力报告：普通保险业务——评估准备金，表D和表D1	包括所有险种的风险边际准备金
基金风险边际准备金（FPRAD）	RBC偿付能力报告：普通保险业务——评估准备金，表D和表D1	包括所有险种的风险边际准备金

（3）得分标准

表 6　　　　　　　业务多元化比率指标分组标准

业务多元化比率计算结果	得分（%）
业务多元化比率>30%	25
20%<业务多元化比率≤30%	16
15%≤业务多元化比率≤20%	8
业务多元化比率<15%	0

4. 应收保费率

（1）定义和公式

应收保费率反映保险公司应收保费与总保费收入的比率。其计算公式如下：

应收保费率＝应收保费/总保费收入×100%

（2）资料来源

表 7　　　　　　　应收保费率指标资料来源

数据要求	数据来源	备注
总保费收入	Guidelines for Insurance Companies Statistical Submission（ICSS）表 G6	总保费收入包括直接承保的保费（减去契撤）和分入再保保费
应收保费	Guidelines for Insurance Companies Statistical Submission（ICSS）表 G3	应收保费是指超过60天应收未收的保费收入

（3）得分标准

表 8　　　　　　　应收保费率指标得分标准

应收保费率计算结果	得分（%）
应收保费率≤15%	20
15%<应收保费率≤20%	14
20%<应收保费率≤25%	7
应收保费率>25%	0

5. 综合成本率

（1）定义和公式

综合成本率衡量保险公司的业绩表现和业务利润表现，综合反映了普通保险公司的核心竞争力。保险公司应确保其保费收入大于各项支出（包含费用），以保证公司的盈利性。其计算公式如下：

综合成本率＝（赔款支出＋管理费用＋佣金支出）/已赚保费收入×100%

（2）资料来源

表9　　　　　　　　　综合成本率指标资料来源

数据要求	数据来源	备注
赔款支出	Guidelines for Insurance Companies Statistical Submission（ICSS）表G7	赔款支出＝已付赔款＋未决赔款准备金的提转差－摊回赔款支出
管理费用	Guidelines for Insurance Companies Statistical Submission（ICSS）表G1	所有涉及保险业务的费用，不包括理赔费用和佣金支出
佣金支出	Guidelines for Insurance Companies Statistical Submission（ICSS）表G8	佣金支出＝佣金＋纯益手续费＋分保费用支出－摊回分保费用
已赚保费收入	Guidelines for Insurance Companies Statistical Submission（ICSS）表G6	已赚保费＝净保费＋保费准备金提转差

（3）得分标准

表10　　　　　　　　　综合成本率指标得分标准

综合成本率计算结果	得分（%）
综合成本率＜90%	20
90%≤综合成本率≤95%	14
95%＜综合成本率≤100%	7
综合成本率＞100%	0

6. 经营利润率

（1）定义和公式

经营利润率反映保险公司业务经营盈利能力。其计算公式如下：

经营利润率＝经营利润/已赚保费收入×100%

（2）资料来源

表 11　　　　　　　经营利润率指标资料来源

数据要求	数据来源	备注
已赚保费收入	Guidelines for Insurance Companies Statistical Submission（"ICSS"）表 G6	已赚保费 = 净保费 + 保费准备金提转差
赔款支出	Guidelines for Insurance Companies Statistical Submission（ICSS）表 G7	赔款支出 = 已付赔款 + 未决赔款准备金的提转差 – 摊回赔款支出
管理费用	Guidelines for Insurance Companies Statistical Submission（ICSS）表 G1	所有涉及保险业务的费用，不包括理赔费用和佣金支出
佣金支出	Guidelines for Insurance Companies Statistical Submission（ICSS）表 G8	佣金支出 = 佣金 + 纯益手续费 + 分保费用支出 – 摊回分保费用
净投资收益	Guidelines for Insurance Companies Statistical Submission（ICSS）表 G1	—
净呆账/坏账回收	Guidelines for Insurance Companies Statistical Submission（ICSS）表 G1	—
净资本利得/损失	Guidelines for Insurance Companies Statistical Submission（ICSS）表 G1	—
其他收入/损失	Guidelines for Insurance Companies Statistical Submission（ICSS）表 G1	—

（3）得分标准

表 12　　　　　　　经营利润率指标得分标准

经营利润率计算结果	得分（%）
经营利润率 > 23%	15
15% < 经营利润率 ≤ 23%	10
7% ≤ 经营利润率 ≤ 15%	5
经营利润率 < 7%	0

7. 新业务增长率

（1）定义和公式

新业务增长率反映寿险公司的新业务保费收入情况。稳定的新业务增长能保证稳定的收入，支持公司的正常运营。其计算公式如下：

三年加权平均新业务增长率 = 50% × 当年新业务增长率 + 30% × 上年

新业务增长率+20%×前年新业务增长率

式中：

当年新业务增长率＝（当年新业务保费收入－上年新业务保费收入）／上年新业务保费收入×100%

（2）资料来源

表13　　　　　　　新业务增长率指标资料来源

数据要求	数据来源	备注
趸交/期交保费收入	Guidelines for Insurance Companies Statistical Submission（ICSS）表L6	年保费等于所有新期交业务保费与趸交保费的10%之和

（3）得分标准

表14　　　　　　　新业务增长率指标得分标准

三年加权平均新业务增长率计算结果	得分（%）
三年加权平均新业务增长率＞10%	15
5%＜三年加权平均新业务增长率≤10%	10
0＜三年加权平均新业务增长率≤5%	5
三年加权平均新业务增长率≤0	0

8. 业务集中比率

（1）定义和公式

业务集中比率反映保险公司期缴保费与趸缴保费之间的比例关系。由于保费收入发生的时间与费用发生的时间不匹配，这两种不同缴费方式的保单会出现不同水平的风险。其计算公式如下：

业务集中比率 ＝ 当年新业务期交保费／当年新业务趸交保费×100%

（2）资料来源

表15　　　　　　　业务集中比率指标资料来源

数据要求	数据来源	备注
新业务期缴保费	Guidelines for Insurance Companies Statistical Submission（ICSS）表L6	新业务期缴保费包括年度总保费，包括传统寿险、投连险、年金险等
新业务趸缴保费	Guidelines for Insurance Companies Statistical Submission（ICSS）表L6	新业务趸缴保费包括年度总保费，包括传统寿险、投连险、年金险等

(3) 得分标准

表16　　　　　　　业务集中比率指标得分标准

业务集中比率计算结果	得分（%）
业务集中比率 > 200%	25
150% < 业务集中比率 ≤ 200%	16
100% ≤ 业务集中比率 ≤ 150%	8
业务集中比率 < 100%	0

9. 业务保费继续率

（1）定义和公式

业务保费继续率指标衡量保险公司稳定业务（无退保或中止保单）的能力，反映保险公司业务的可持续性。其计算公式如下：

业务保费继续率 = 当年续期保费 /（上年续保保费 + 上年首年保费）× 100%

（2）资料来源

表17　　　　　　　业务保费继续率指标资料来源

数据要求	数据来源	备注
续期保费	Guidelines for Insurance Companies Statistical Submission（ICSS）表 L1 – 1，L1 – 2	续期保费是所有期缴保单的续期保费，包括传统寿险业务的保费，也包括投资连结保险的保费
首年保费	Guidelines for Insurance Companies Statistical Submission（ICSS）表 L1 – 1，L1 – 2	首年保费是所有期缴保单的首年保费，包括传统寿险业务的保费，也包括投资连结保险的保费

（3）得分标准

表18　　　　　　　业务保费继续率指标得分标准

业务保费继续率计算结果	得分（%）
业务保费继续率 > 90%	25
85% < 业务保费继续率 ≤ 90%	16
80% ≤ 业务保费继续率 ≤ 85%	8
业务保费继续率 < 80%	0

10. 投资收益率

（1）定义和公式

投资收益率是指投资收入与资产的比例。投资回报不足会影响公司长期业务的可持续性。其计算公式如下：

投资收益率 = {2×［净投资收益＋净资本利得或损失］}／［（当年总资产＋上年总资产）－（净投资收益＋净资本利得或损失）］×100%

（2）资料来源

表19　　　　　　　　投资收益率指标资料来源

数据要求	数据来源	备注
净投资收益	Guidelines for Insurance Companies Statistical Submission（ICSS）表 L1－1，L1－2	—
净资本利得或损失	Guidelines for Insurance Companies Statistical Submission（ICSS）表 L1－1，L1－2	—
总资产	Guidelines for Insurance Companies Statistical Submission（ICSS）表 L3－2	—

（3）得分标准

表20　　　　　　　　投资收益率指标得分标准

投资收益率计算结果	得分（%）
投资收益率 > 马来西亚5年期国债即期利率（MGS）＋175个基点	20
MGS＋100个基点 < 投资收益率 ≤ MGS＋175个基点	14
MGS＋50个基点 ≤ 投资收益率 ≤ MGS＋100个基点	7
投资收益率 < MGS＋50个基点	0

11. 资本回报率

（1）定义和公式

资本回报率衡量个体目标资本（ITCL）的盈利水平。其计算公式如下：

资本收益率 = 税前利润／ITCL总资本 × 100%

（2）资料来源

表 21　　　　　资本回报率指标资料来源

数据要求	数据来源	备注
税前利润	Guidelines for Insurance Companies Statistical Submission（ICSS）表 G2/L2	—
偿付能力资本要求	RBC 偿付能力报告表 A	—
个体目标资本水平（ITCL）	马来西亚国家银行发布的 Guidelines on Internal Capital Adequacy Assessment Process（ICAAP）for Insurers	—

（3）得分标准

表 22　　　　　资本回报率指标得分标准

资本回报率计算结果	得分（%）
资本回报率 > 5%	15
3% < 资本回报率 ≤ 5%	10
0% < 资本回报率 ≤ 3%	5
资本回报率 ≤ 0%	0

二、定性准则指标说明

1. 监管评级

监管评级，即综合风险评级（CRR），由国家银行每年 12 月 31 日前完成。评级得分如表 23 所示。

表 23　　　　　监管评级得分标准

监管评级范围	得分（%）
低风险或等同	35
中风险或等同	22
平均水平以上风险或等同	10
高风险	0

2. 其他资讯

其他资讯得分由马来西亚存款保险机构（PIDM）综合考虑公司经营

情况、财务状况和可持续经营能力等因素后确定。其他资讯包括除监管评级外的其他所有信息，如：

（1）成员保险公司违反了马来西亚存款保险机构制定的规章制度，包括指引或其他监管内容等；

（2）监管机构或其他单位对成员保险公司采取的监管措施，包括但不限于任何关于公司偿付能力不足或违反监管规定的通知、命令、说明、警告信等；

（3）为应对（2）中提到的监管机构实施的监管措施，成员保险公司采取的改正措施，包括但不限于实施进度报告、董事会解决方案等；

（4）外部评级机构对成员保险公司的信用评级；

（5）成员保险公司接受国家银行或马来西亚存款保险机构的救助；

（6）其他任何与成员保险公司及其相关联公司相关的信息。

其他资讯得分范围如表 24 所示。

表 24　　　　　　　　　　其他资讯得分标准

评估标准	得分（%）
每年 4 月 30 日前，成员保险公司不存在会引起 PIDM 关注的，严重影响公司安全和稳定、财务状况和可持续经营能力的信息。	5
每年 4 月 30 日前，成员保险公司可能存在会引起 PIDM 关注的，严重影响公司安全和稳定、财务状况和可持续经营能力的信息。	3
每年 4 月 30 日前，成员保险公司存在会引起 PIDM 关注的，严重影响公司安全和稳定、财务状况和生存能力的信息。	0

参 考 文 献

［1］中国保险监督管理委员会［EB/OL］. http://www.circ.gov.cn/web/site0/.

［2］中国保险保障基金公司［EB/OL］. http://www.cisf.cn/.

［3］台湾财团法人保险安定基金［EB/OL］. http://www.tigf.org.tw/index.aspx.

［4］香港保险业监理处［EB/OL］. http://www.oci.gov.hk/chs/about/index.html.

［5］新加坡存款保险和保单持有人保障机构［EB/OL］. https://www.sdic.org.sg/#.

［6］韩国存款保险公司［EB/OL］. http://www.kdic.or.kr/english/major/sub1.jsp.

［7］美国国家人寿健康保险保障协会［EB/OL］. http://www.nolhga.com/.

［8］国家保险保障基金协会［EB/OL］. http://ncigf.org/home.

［9］加拿大人寿保险保障基金公司［EB/OL］. http://www.assuris.ca/Client/Assuris/Assuris_LP4W_LND_WebStation.nsf/welcome_en.html?ReadForm.

［10］加拿大非寿险保险保障基金公司［EB/OL］. http://www.pacicc.com/.

［11］英国金融服务局［EB/OL］. http://www.fca.org.uk.

［12］马来西亚存款保险机构［EB/OL］. http://www.pidm.gov.my/For-Public/Takaful-Insurance-Protection/What-Is-Takaful-Insurance-

Protection.

［13］International Association of Deposit Insurers（IADI）［EB/OL］. http：// www. iadi. org.

［14］任建国. 保险保障基金参与保险业风险处置与市场退出研究［M］. 北京：中国金融出版社，2014.

［15］任建国. 我国保险行业保障风险及保障基金制度比较研究［M］. 北京：中国金融出版社，2014.

中国保险保障基金制度研究与实践丛书

保险保障基金救济范围与标准研究

前　　言

保险保障基金，是保险从业机构缴纳的专门用于保单救济和保险公司救济的行业性救济基金，是"保险业最后一道防线"。保单救济，是保障基金作为"保险业最后一道防线"的职能所在，也是维护保单持有人利益、抑制保险市场脆弱性、体现金融制度公平正义性和政府担保职能的作用点，而保单救济的范围与标准则是保单救济实务的重点和难点。

所谓保障基金的救济范围与标准，是指在发生应当救济的事故时，保障基金进行保单救济的范围、救济的比例和金额限制的具体规定。我国1998年颁布并实行的《保险保障基金管理办法》[①]对保险保障基金的救济范围与标准作出了规定，但是随着中国保险市场的蓬勃发展以及业务和产品类型的日新月异，现有的救济范围与标准已难以适应新形势、新变化，影响未来将实际发生的保单救济操作的可行性，因此有必要完善我国保单的救济范围与标准。

本研究主要目的在于制定一套符合中国保险市场实际情况的保单救济范围与标准，作为保障基金日后救济持有问题保险公司保单的客户和保单受让公司的规则与参考。本研究共分六章：第一章为绪论，介绍此次研究的目的、内容、方法、步骤及研究限制；第二章分别介绍美国、加拿大、英国、日本、中国台湾、新加坡、马来西亚七个重点国家和地区的保险保障基金的救济范围与标准，并进行比较分析；第三章检视我国保险保障基金现行救济范围与标准存在的问题；第四章介绍救济标准测算模型，包括模型搭建的逻辑、架构、基础数据、结果输出；第五章对模型输出的结果进行筛选，分别介绍最优的几种方案，并做比较分析；第六章为本研究的结论。

---

① 2008年9月11日，中国保监会、财政部和中国人民银行联合发布《保险保障基金管理办法》。

第一章 绪 论

本章主要介绍我国保险保障基金救济范围与标准研究的背景与目的、内容、方法、步骤及研究限制。

第一节 研究背景与目的

2008年9月11日,保监会、财政部和中国人民银行联合发布的《保险保障基金管理办法》第四章第十九条至第二十五条对保障基金向保险公司的保单持有人和接受人寿保险合同的保单受让公司提供救济等内容有明确规定。

保障基金的救济范围如图1-1所示:

■ 依法缴纳保险保障基金的保险业务均属于基金救济范围。
下列业务不缴纳保险保障基金,不属于基金救济范围:

① 保险公司承保的境外直接保险业务
② 保险公司的再保险分入业务
③ 由国家院确定的国家财政承担最终风险的政策性保险业务
④ 保险公司从事的企业年金授权人、账户管理人等企业年金管理业务
⑤ 中国保监会会同有关部门认定的其他不属于保险保障基金救助范围的业务

图1-1 基金救济范围

保障基金的救济标准如图1-2所示:
现行的救济范围与标准是根据当时我国保险行业发展的实际情况,并

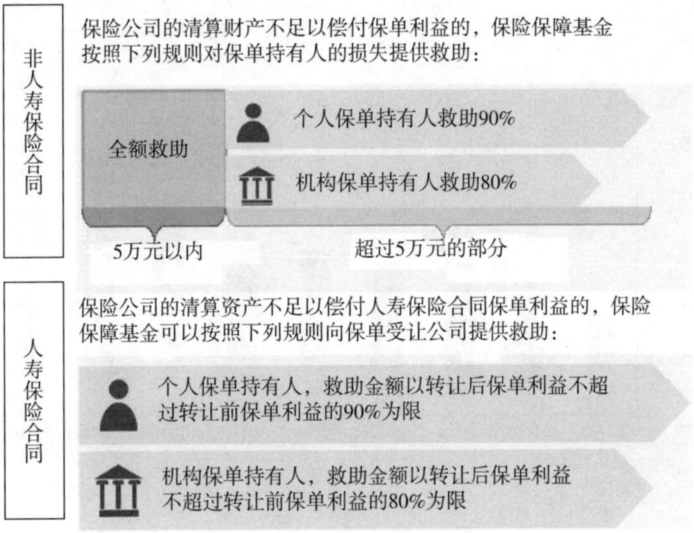

非人寿保险合同：保险公司的清算财产不足以偿付保单利益的，保险保障基金按照下列规则对保单持有人的损失提供救助：
- 5万元以内：全额救助
- 超过5万元的部分：个人保单持有人救助90%；机构保单持有人救助80%

人寿保险合同：保险公司的清算资产不足以偿付人寿保险合同保单利益的，保险保障基金可以按照下列规则向保单受让公司提供救助：
- 个人保单持有人，救助金额以转让后保单利益不超过转让前保单利益的90%为限
- 机构保单持有人，救助金额以转让后保单利益不超过转让前保单利益的80%为限

图 1-2 基金救济标准

参考了一些国家和地区的同类规定制定的，具有简明、清晰、易操作等特点，符合我国国情和国际惯例，较为科学合理。

然而，2008 年至今已过去近十年，我国的保险市场、监管环境、金融环境、国际保险保障基金救济制度都发生了较大变化。

一是我国保险市场规模和产品结构发生较大变化。2016 年我国保险市场原保险保费收入较 2008 年增长超过三倍，其中财产险以信用险、保证险、投资型财产险为代表的非车险业务增长十分迅速，人身险以万能险业务收入增长最为迅猛，2016 年末保户投资款新增交费占人身险规模保费的比重达 27%，保户储金及投资款余额为 2.39 万亿元，较 2015 年增长 54%。

二是保险监管环境有较大不同。在宏观政策的"新常态"作用下，监管机构确立了"放开前端，管住后端"的监管思路，实施了以风险为导向的二代偿付能力体系，逐步推进寿险利率市场化、商业车险费率市场化等改革举措，极大提升了保险市场的活力，推动了行业的创新与发展。

三是信托业、银行业分别在 2014 年、2015 年建立类似保障基金制度，规定了信托和银行业务的救济范围与标准。尤其是与保险保障基金最为相

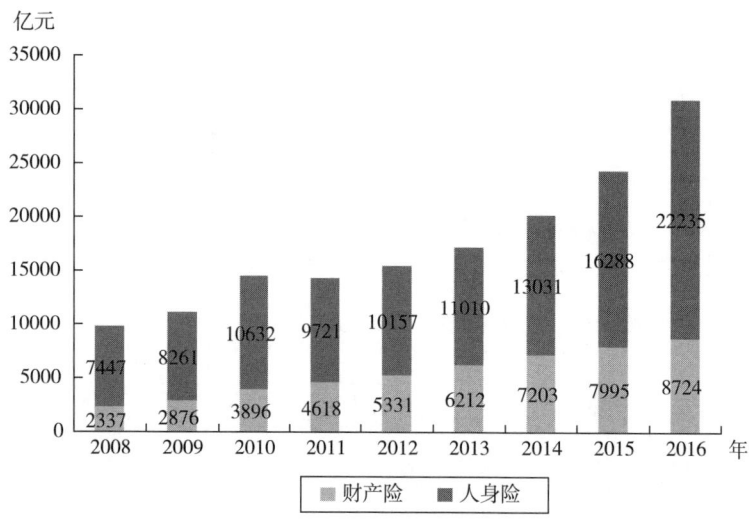

图1-3　2008—2016年保险业原保险保费收入柱图

似的存款保险制度,在《存款保险条例》中规定同一存款人在同一家投保机构所有被保险存款账户的存款本金和利息最高赔付限额为50万元。①

表1-1　其他行业类似保障基金制度救济范围与标准比较

	救济范围与标准	发布时间
证券投资者保护基金*	客户证券交易结算资金的合法本息全额收购	2005年
期货投资者保障基金	• 对每位个人投资者的保证金损失在10万元以下（含10万元）的部分全额补偿,超过10万元的部分按90%补偿。 • 对每位机构投资者的保证金损失在10万元以下（含10万元）的部分全额补偿,超过10万元的部分按80%补偿。 • 现有保障基金不足补偿的,由后续缴纳的保障基金补偿。	2007年
信托业保障基金*	2004年9月30日（含2004年9月30日）以前发生的收购范围内的个人债权的本金部分按照以下标准收购: • 同一个人（即同一身份证号的个人,下同）债权金额累计在10万元（含10万元）人民币以内的,予以全额收购。 • 同一个人债权金额累计在10万元（不含10万元）人民币以上部分,按九折价格收购。	2014年

---

① 《存款保险条例》规定的50万元最高偿付限额覆盖了全国99.63%的存款人的全部存款。

第一章 绪　　论

续表

	救济范围与标准	发布时间
存款保险	最高赔付额为人民币 50 万元。同一存款人在同一家投保机构所有被保险存款账户的存款本金和利息合并计算的资金数额在最高偿付限额以内的，实行全额偿付；超出最高偿付限额的部分，依法从投保机构清算财产中受偿。	2015 年

注：个人债权及客户证券交易结算资金的收购范围和标准在《个人债权及客户证券交易结算资金收购意见》（2004 年 11 月 4 日）、《个人债权及客户证券交易结算资金收购实施办法》（2005 年 1 月 28 日）及《关于证券公司个人债权及客户证券交易结算资金收购有关问题的通知》（2005 年 6 月 30 日）中有全面细致规定。

四是部分国家和地区根据市场和环境变化修订保险保障基金的救济范围与标准。英国的"金融服务补偿计划"（FSCS）于 2014 年、2015 年先后两次修订了原有的保险救济标准；日本财产损害契约者保护机构和生命保险契约者保护机构 1998 年成立后均对救济范围与标准进行过多次修订，2015 年两家机构又再度更新非寿险、寿险救济范围与标准；台湾地区"金融监督管理委员会"于 2015 年核准公布了新的财团法人保险安定基金对人身保险业、财产保险业动用范围及限额规定。

中国保险保障基金有限责任公司（以下简称"中保基金公司"）自 2009 年起，先后开展了《保险保障基金参与保险风险处置研究》、《保险保障基金公司处置保险风险实务研究》和《建立健全保险市场退出机制研究》等专题研究，提出并初步探讨了保险保障基金救济范围和标准问题。研究发现，从保险保障基金制度要求、降低道德风险、保护弱势群体的角度出发，现行规定与其他国家和地区的相关规定相比，并结合我国保险业发展的实际情况，仍存在不少问题，需做进一步优化完善。

本研究的目的在于，通过对其他国家和地区保险保障基金救济范围与标准的分析比较，搭建符合我国国情、充分反映我国保险业发展实际状况的保单救济测算模型，不但为保单持有人提供合理保障，有力保护保险消费者中的弱势群体，降低道德风险，同时强化保险保障基金的保单救济职能，最大程度地维护保险市场健康稳定。

第二节　研究内容

本研究包括对保险保障基金救济范围与标准定性研究的成果，也包括保单救济标准及保险保障基金救济成本测算等定量分析结果。主要内容如下：

一是国外保险保障基金救济范围与标准的比较分析，对救济对象的界定、救济范围的划分、救济责任的确定进行研究，探讨救济范围和标准与基金筹集的关系、救济涵盖区域问题（包括介绍和分析母国监理原则、地主国监理原则）等重点问题。

二是检视我国现行保障基金救济范围与标准存在的问题，结合国际研究成果提出修订完善的思路和建议。

三是介绍救济标准和保险保障基金救济成本测算模型，包括模型搭建的原则与方法、架构、基础数据和模型演示步骤，对模型输出结果进行筛选分析，结合我国保险市场实际对相对最优的几套方案进行比较，提出倾向性意见。

第三节　研究方法

文献资料分析。搜集国内外保险保障基金救济相关（或与保险保障基金类似的保障基金）的书籍、期刊、年报、学术研究报告、相关实务报告、网络资料等研究资料。

数据模型搭建。搜集国内保险业数据（分险种数据、分保险责任数据及保险公司理赔、资产负债表数据等），结合保障基金规模数据、国外保险公司破产因素等搭建数据模型。

归纳整理。通过资料分析和模型搭建进行分析整理，提出我国保险保障基金救济的具体范围与标准，并列出具体条文。

焦点团体讨论。采用召开行业专家研讨座谈会，以团体讨论等方式，完善所需的研究资料，并针对研究结果提出修订建议。

第四节 研究步骤

本研究进行步骤如图1-4所示。

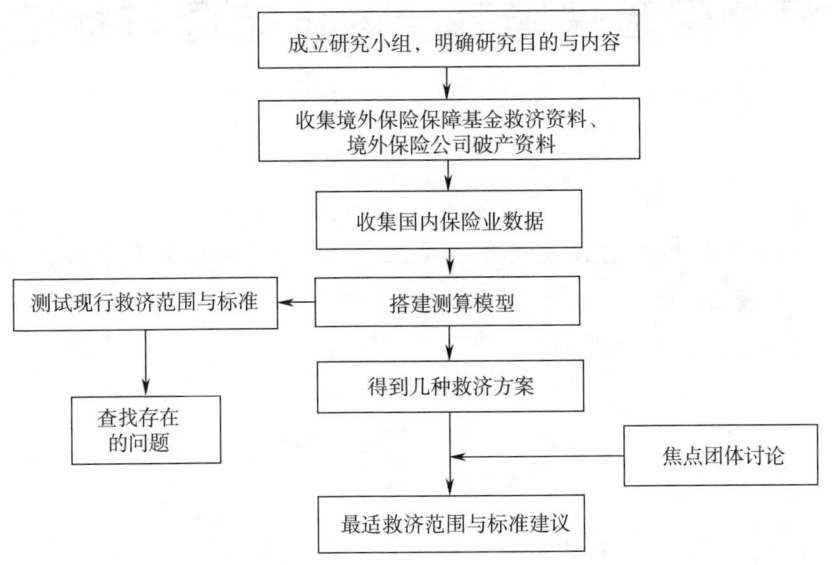

图1-4 研究思路框架图

第五节 研究限制

有关各国保险保障基金救济范围与标准等资料均采集自各国保险保障基金网站、公开资讯、论坛资料等，也包括部分权威官方机构的研究报告，但均无法掌握各国救济范围与标准制定的原理与方法、救济操作的实务细节，这使我们对救济范围与标准测算方法、结果的检视及部分问题的认识缺少参考。同时受语言差异的限制，部分国家特别是日本、法国、德国、西班牙网站及公开资讯均为特殊语言文字，项目组虽尽力寻找这些语种的翻译，但仍难免出现专业隔阂，因此对这些国家制度的理解可能存在偏差。此外，项目组在研究过程中也可能存在疏漏或考虑不周全之处。

第二章
境外保险保障基金救济范围与标准

本章主要介绍美国、加拿大、英国、日本、中国台湾五个重点国家（地区）及新加坡、马来西亚等其他国家的保障基金的运行情况和救济范围与标准，并进行比较分析。

第一节 美 国

美国的保险监管采用的是州级监管的方式，每个州都有自己的州保险监管委员会。美国保险监督官委员会（National Association of Insurance Commissioners，NAIC）是由各州首席保险监督官组成的团体，它不是法定监管机构，没有行政立法权，其主要职能是协助各州的保险监管机构对保险市场进行监管，协调各州的保险监管方式，每年还组织包括偿付能力监管、再保险实务、财务分析、法律等方面的培训和教育活动，NAIC 的执行总部设在密苏里州的堪萨斯城[1]。

受其监管体制的影响，美国保险保障基金管理组织结构也以州为单位，每个州均设立财产险、人寿与健康险两个保障基金管理机构[2]，分别保障财产险、人寿与健康险保单持有者和保险公司债权人的利益。各州会大致依据 NAIC 制定的《财产与责任保险保证协会示范法》（Life and

---

[1] 评估办公室设在纽约，联邦及国际关系办公室设在华盛顿特区。
[2] 各州产险、寿险保障基金协会［或公司（Corporation）］均为非营利性（Not‑for‑profit）机构，纽约清算局（NYLB）除外。

第二章 境外保险保障基金救济范围与标准

Health Insurance Guaranty Association Model Act）和《人寿与健康保险保证协会示范法》 （Property and Casualty Insurance Guaranty Association Model Act）①，制定本州的财产险、人寿与健康保险保证示范法，对本州内的保险公司及保障基金管理机构的相关行为进行管理约束。《财产与责任保险保证协会示范法》和《人寿与健康保险保证协会示范法》分别对财产险、人寿与健康保险保障基金的筹集、管理、风险处置、救济等进行了指导性的规定，各州大多会采纳这些规定，但部分州会根据本州实际情况在两套示范法框架下进行一些特别调整。各个州的财产险保障基金协会和人寿与健康险保障基金协会组成自愿性团体，分别是美国财产险保障基金协会（National Conference of Insurance Guaranty Funds，NCIGF）和美国人寿与健康险保障基金协会（National Organization of Life and Health Insurance Guaranty Association，NOLHGA）。NCIGF 成立于 1989 年 12 月，主要职能是监测全国保险市场活动和跨州或多州的破产情况，向成员提供法律、信息、管理、通讯和公共政策方面的支持。自 20 世纪 70 年代以来，财产险保障基金机制共处理了超过 550 件破产事件，总救济额达到 270 亿美元。NOLHGA 成立于 1983 年，主要职能与 NCIGF 类似，主要是协调涉及多个州的人寿与健康保险公司破产的情况。当基金保障对象失去清偿能力并取得法院清算命令时，可申请相应机构对其进行救济（Provide Coverage）。并非所有险种和业务都能救济，更不是全额救济。各州会参考《财产与责任保险保证协会示范法》和《人寿与健康保险保证协会示范法》制定的财产险、人寿与健康保险的救济范围与标准，根据本州国民经济水平、居民收入、保险业发展等情况进行调整。

根据 NAIC 公布的 2014 年美国保险业数据②，我们选择保费规模排名前四位的加利福尼亚州、纽约州、得克萨斯州、佛罗里达州③的财产险和人寿与健康险保障基金救济范围与标准进行重点介绍。

---

① 这两套示范法不是强制性的法律文本，类似指导意见。
② NAIC《2014 年保险资源报告（第 2 卷）》（2014 Insurance Department Resources Report Volume 2）。
③ 2014 年加利福尼亚、纽约、得克萨斯、佛罗里达四个州的保费收入分别为 2594 亿美元、1517 亿美元、1332 亿美元、1269 亿美元，在美国 56 个州中排名前四位。

一、加利福尼亚州

(一) 财产险保障基金

救济范围不包括寿险、年金、健康、残疾险,抵押、财务担保类保险及为投资风险提供保护的保险、信用保险、信用债券、产权保险、海上保险、任何政府类债务。

所有救济范围内的保单,在索赔额中扣除 100 美元后,每单救济额最高不超过 50 万美元,但雇员补偿保险和未赚保费的救济赔偿没有上限。[①]

表 2-1　加利福尼亚州财产保险保障基金救助范围和赔付限额表

范围	赔付限额
财产险	扣除 100 美元后,50 万美元
雇员补偿保险	无上限
未赚保费	

(二) 人寿与健康险保障基金

救济范围包括直接非团体的寿险、健康险、年金保单或合同,以及这些保单的补充合同。团体年金合同下的年金合同及证书(Certificates),包括未分配的基金协议、结构性结算年金、直接或递延年金合同。健康险保单和合同包括但不限于基本医疗、住院、手术保险,重大疾病保险,失能收入补偿保险,残疾保险,以及由意外的伤、病、残疾或死亡导致的保险责任,长期护理保险,净现金退保值,净现金支取值(Net Cash Withdrawal Values)。救济范围不包括:合同中保险公司没有保证的部分,或由保单或者合同持有人承担风险的部分,再保险合同(除非合同有某些特殊条款),保单的预定利率、结算利率、信贷利率等超过穆迪企业债券四年平均债券收益率或更短时间内的收益率减去 2% 或最近的穆迪企业债券收益率减去 3% 的值,未分配的年金合同(Unallocated Annuity Contract),自筹资金或未保险的项目或计划(包括但不仅限于由雇主、协会或其他人支付的福利),保单或合同提供的股息或经验等级信用、投票权、相关费用或津贴(Fees or Allowances),未经许可或未经授权的成员公司在本州发出的保单或合同。[②]

[①] California Insurance Guarantee Association Act, 1063.1 - (3)、(6)、(7)。

[②] California Codes Insurance Code, Section 1067.02 - b (1)、(2)。

各保障责任的救济标准是：所有保障范围的保险责任均按 80% 比例救济，其中死亡赔付（对每位保单持有人，无论保单持有数）最高不超过 30 万美元，人寿保单的净现金退保值和净现金支取值最高不超过 10 万美元，年金给付现值、结构性结算年金收益或死亡受益人（包括净现金退保值和净现金支取值）最高救济额不超过 25 万美元，寿险和年金险救济的总额不超过 30 万美元，多张保单的合计救济限额为 500 万美元，健康险救济金额①（针对每位获得健康保险利益的个人，无论保单或合同数量）最高不超过 20 万美元。②

表 2-2　加利福尼亚州人寿与健康险保障基金救济范围及赔付限额表

范围	赔付限额	其他限制
死亡赔付	30 万美元	寿险和年金险救济的总额不超过 30 万美元，多张保单的合计救济限额为 500 万美元
净现金退保值 净现金支取值	10 万美元	
年金给付现值 结构性结算年金收益或死亡受益人 （包括净现金退保值和净现金支取值）	25 万美元	
健康险	20 万美元	

二、纽约州

（一）财产险保障基金

救济范围为车险（仅限发生在本州的保险事故，或涉及主要存放在本州的车辆的赔偿）、火险、财产险、盗抢险、养殖险、个人伤害财产损失责任险、忠诚和担保险（Fidelity and Surety）、机动车和航空物理损失险（Motor Vehicle and Aircraft Physical Damage）、海上保险、信用失业保险（Credit Unemployment Insurance）、医疗事故险、机动车出租人和承租人差额保险（Gap Insurance），以及劳动者报酬（由独立的劳动者报酬保障基金救助）。救济范围不包括：由其他保险和其他保证协会救济的保单，拥有或控制无力偿债的保险公司 10% 或以上投票权的个人所持有的保单。

---

① 健康险救济限额会随消费者物价指数中的医疗成本调整。
② California Codes. Insurance Code, Section 1067.02-c-f。

救济标准是：每次赔付最多赔偿 100 万美元；对于承保财产风险在纽约州以外的保单，每张保单最多赔付 500 万美元；未到期责任准备金的救济额最高为 100 万美元。①

表 2-3　　　　纽约州财产险保障基金救济范围和赔付限额表

范围	赔付限额
财产险	100 万美元（每次赔付）
承保财产风险在纽约州以外的保单	500 万美元
未到期责任准备金	100 万美元

（二）人寿与健康险保障基金

救济范围是由人寿保险公司销售的直接意外险、健康险、年金合同、融资协议②（Funding Agreement），以及保险公司发出的附加合同③。救济范围不包括：变额寿险保单、变额年金合同或变额资金协议中不保证收益的部分，合同中由持有人承担风险的部分，已被分保到再保险公司的合同，通过纽约保险交易所④或任何类似机构发出的合同，在美国境外发行的合同（某种程度上这类合同涵盖的是非美国公民或非美国永久居民），以及不是由美元支付的合同。⑤

救济标准是：对于寿险保单持有人或受益人、个人年金（如个人保费递延年金）合同持有人、个人意外险和健康险保单持有人，每人最大赔付限额为 50 万美元，团体意外险和健康险的全部利益至少保障 6 个月；没有

---

① 2014 Summary of Property and Casualty Insurance Guaranty Association Acts – New York Property/Casualty Insurance Security Fund。

② 资金协议救济的程度取决于保险公司在合同中规定的义务。

③ 在某一特定时间本州许可的保险公司被允许对寿险、健康险、年金业务、融资协议进行交易而发出的补充合同，或法院发出清算或重整命令之日起受损或破产保险公司发出的附加合同，视具体情况而定。（原文是：supplemental contracts issued by a life insurance company licensed to transact life or health insurance or annuities in this state at the time the policy, contract, or funding agreement was issued or on the date of entry of a court order of liquidation or rehabilitation with respect to such a company that is an impaired or insolvent insurer, as the case may be.）

④ 纽约保险交易所（New York Insurance Exchange, Inc.）成立于 1980 年，是一个非股份制公司的保险人的社团组织，成立的主要目的是为了与英国劳合社竞争，挽回美国大量保费外流。主要业务包括各种再保险业务，美国之外各种直接保险业务，被纽约自由贸易区拒保的国内直接业务。由于经营不善等原因，1987 年宣告停业解散。

⑤ The Life Insurance Company Guaranty Corporation of New York Act，section 7703。

个人收益保证的团体年金,对整个团体的赔付最高限额为 100 万美元,但如果团体年金有个人保证,则每人最高赔付限额为 50 万美元①;对于不属于为员工福利计划提供资金收益的融资协议,最高赔付限额为 50 万美元;投资专户不在赔付范围内,但如有最低保证,则赔付涵盖最低保证的部分。②

表 2-4　　纽约州人寿与健康险保障基金救济范围及赔付限额表

范围	赔付限额	其他限制
寿险、个人年金合同、个人意外险和健康险	50 万美元（每人）	投资专户不在赔付范围内,但如有最低保证,则赔付涵盖最低保证的部分
没有个人收益保证的团体年金	100 万美元（整个团体）	
有个人保证的团体年金	50 万美元（每人）	
不属于为员工福利计划提供资金收益的融资协议	50 万美元	

三、得克萨斯州

(一) 财产险保障基金

救济范围为除去寿险、年金险、健康险、失能险、抵押、财务担保类保险及为投资风险提供保护的保险,产权保险,溢额保险(Surplus Lines Insurance),信用保险,担保或服务合同,海上保险,个人之间(包括个人的附属机构)、保险公司之间(包括保险公司分支机构)的交易,由联邦农作物保险公司再保的农作物保险,由得克萨斯雇员补偿保险协会承保的保单,由政府管理或担保的保险,再保险公司、保险公司、保险资金池(Insurance Pools)或承保团体的赔偿要求,相关费用③,判决前后的利息,之外的所有保险业务。

在救济范围内的所有保单,每人每次最多赔偿 30 万美元,未到期责任保费最高赔付 2.5 万美元,雇员补偿保险没有上限。④

---

① 要求必须是纽约居民(New York Residents)。
② Policyholder Protection – Provided by the Life Insurance Company Guaranty Corporation of New York。
③ 包括调整费用和支出(Adjustment Fees and Expenses)、律师费和支出、诉讼费、利息和罚金、利息和债券溢价之前发生的减值(Interest and Bond Premiums Incurred Prior to Impairment)。
④ Texas Property and Casualty Insurance Guaranty Act, Subchapter E. Covered Claims; Claimants。

表 2-5　　得克萨斯州财产险保障基金救济范围和赔付限额表

范围	赔付限额
未到期保费	2.5 万美元
雇员补偿保险	每人每次 30 万美元

（二）人寿与健康险保障基金

救济范围包括：直接的、非团体的寿险、健康险、意外险、年金险及附加条款或合同，直接的、团体的保单或合同下的个人部分[①]，团体住院服务合同，未分配的年金合同，相互评估公司（A Mutual Assessment Company）、地方互助会（A Local Mutual and Association）、州际相互评估公司（A Statewide Mutual Assessment Company）、强制性（或政策性）的保险公司（A Stipulated Premium Company）[②] 发行的保险业务。救济范围不包括：合同中保险公司没有保证的部分，或由保单或者合同持有人承担风险的部分，再保险合同（除非合同有某些特殊条款），保单的预定利率、结算利率、信贷利率等超过穆迪企业债券四年平均债券收益率或更短时间内的收益率减去 2% 或最近的穆迪企业债券收益率减去 3% 的值，由雇主、协会、类似机构或其他自然人为其雇员、会员或他人提供人寿、健康或年金收益的计划或方案中的自筹资金或无保险的部分，包括雇主、协会、类似机构在多雇主福利安排、最低保费团体保险计划、止损团体保险计划、行政服务专用合同中支付的收益部分，保单或合同提供的分红或等级信用、投票权、相关费用或津贴，未经授权的成员公司在本州发出的保单或合同，未分配的年金合同，合同中不包含死亡保障、没有发出或与非特定员工及福利计划或政府性质的彩票相关联的财务担保、融资协议或投资担保的部分，提供账面价值核算担保的固定缴款福利的合同性协议（Contractual Agreement），保单或合同中的通过规定的指标或外部基准确定的利息或其他变化的部分，美国法典（医疗保险部分 C&D）[③] 规定的提供住院、医疗、处方药或其他健康护理收益的保单或合同[④]。

[①] 年金合同或年金合同下的个人部分包括：保证投资合同、存款管理合同、分配或未分配的融资协议、结构性结算年金、与政府发行的彩票相关联的年金、立即或递延年金合同。
[②] 根据有关规定成立的保险公司。
[③] 42 U.S.C. Sections 1395w-21 et seq. and 1395w-101 et seq. (Medicare Parts C and D).
[④] 包括健康维护组织计划（Health Maintenance Organization-HMO Contracts）。

第二章 境外保险保障基金救济范围与标准

救济标准是：对于一张或多张保单中的同一单人，死亡赔付每人最高不超过 30 万美元，净现金退保值、净现金支取值最高不超过 10 万美元；个人年金保单或团体年金保单中的一个或多个年金合同的给付现值每人最高不超过 25 万美元；对于单一个人的一张或多张意外险、健康险、意外和健康险、长期护理险保单，基本住院、手术医疗，或重大医疗险的赔付额最高不超过 50 万美元，残疾、长期护理险最高不超过 30 万美元，非基本住院、手术医疗、重大医疗、残疾或长期护理保险的赔付额最高不超过 20 万美元，前述赔付限额也适用于净现金退保值、净现金支取值；对于被未分配的年金合同覆盖或合同受益的政府退休福利计划的参与者，结构性结算年金的每个收款人或死亡受益人，其年金收益的现值及净现金退保值、净现金支取值的总赔付额不超过 25 万美元；团体年金对整个团体的赔付最高限额为 500 万美元，其中如果团体年金有个人保证，则每人最高赔付限额为 25 万美元；个人总寿险赔付不超过 30 万美元，总健康险赔付不超过 50 万美元；对团体的总赔付最高不超过 500 万美元。

表 2-6　得克萨斯州人寿与健康险保障基金救济范围和赔付限额表

范围		赔付限额	其他限制
一张或多张保单中的同一单人	死亡赔付	30 万美元	个人总寿险赔付不超过 30 万美元；总健康险赔付不超过 50 万美元；对团体的总赔付最高不超过 500 万美元。
	净现金退保值、净现金支取值	10 万美元	
个人年金保单或团体年金保单中的一个或多个年金合同的给付现值		25 万美元	
单一个人的一张或多张意外险、健康险、意外和健康险、长期护理险保单	基本住院、手术医疗，或重大医疗	50 万美元	
	残疾、长期护理	30 万美元	
	非基本住院、手术医疗、重大医疗、残疾或长期护理	20 万美元	
被未分配的年金合同覆盖或合同受益的政府退休福利计划的参与者，结构性结算年金的每个收款人或死亡受益人，其年金收益的现值及净现金退保值、净现金支取值		25 万美元	
团体年金		500 万美元（整个团队）	
有个人保证的团体年金		25 万美元（每人）	

四、佛罗里达州

（一）财产险保障基金

救助范围为除寿险、年金险、健康险、残疾险，抵押、财务担保类保险及为投资风险提供保护的保险，产权保险，信用保险，信用债券，保修范围（包括汽车维修、上门维修或保修服务），急救服务、医疗服务或殡葬商品或服务，验光服务计划、医药服务计划或牙科服务计划，法律费用，健康维护、预付费健康门诊或持续性护理，海运保险或潮湿运输险（Wet Marine Insurance），自保或任一自保基金、资产池或风险管理基金，劳动者报酬（包括雇主责任险下的索赔），涉及投资或信贷风险且不伴随保险风险转移的关联交易，溢额保险，由政府管理或担保的保险之外的所有财产险业务。

救济标准是：在索赔额中扣除100美元后，每单救济额最高不超过30万美元，但家财险为房屋结构和屋内物品还提供额外的20万美元赔偿，为公寓小区拥有物业管理的住户还提供额外的10万美元赔偿。

表2-7 佛罗里达州财产险保障基金救济范围和赔付限额表

范围	赔付限额
财产险	扣除100美元后，30万美元
家财险为房屋结构和屋内物品	额外20万美元赔偿
家财险为公寓小区拥有物业管理的住户	额外10万美元赔偿

（二）人寿与健康险保障基金

救济范围包括直接寿险、健康险、年金合同及为生命意外而签发的附加合同。不包括：变额寿险合同、变额年金合同中不保证收益的部分，合同中由持有人承担风险的部分，已被分保到再保险公司的合同，健康维护保险，牙科服务计划保险，医药服务计划保险，验光服务计划保险，急救服务协会保险，殡葬商品或服务合同保险，预付费健康门诊保险，联谊利益团体（Fraternal Benefit Societies），非个人出具（Issued）并拥有的年金合同或团体年金合同，联邦雇员团体保单或合同，保单的预定利率、结算利率、信贷利率等超过穆迪企业债券四年平均债券收益率或更短时间内的收益率减去2%或最近的穆迪企业债券收益率减去3%的值，保单或合同中的通过规定的指标或外部基准确定的利息或其他变化的部分，美国法典（医疗保险部分 C&D）规定的提供住院、医疗、处方药或其他健康护理收益的保单或合同。

救济标准是：每位被保险人寿险死亡赔付最高限额 30 万美元，寿险退保赔付最高限额 10 万美元，健康险赔付最高为 30 万美元，对递延年金的每位合同持有人的年金退保赔付上限为 25 万美元，年金给付限额为 30 万美元。

表 2-8　佛罗里达州人寿与健康险保障基金救济范围和赔付限额表

范围	赔付限额	
死亡赔付	30 万美元	年金给付限额为 30 万美元
寿险退保	10 万美元	
健康险	30 万美元	
递延年金的每位合同持有人的年金退保	25 万美元	

五、总结

（一）救济范围的划定细致且明确

各州产寿险保障基金的救济范围基本依照两套"示范法"划定，只有少数州会增加一些除外险种或业务，通常不会比"示范法"规定的救济范围更小。

财产险保障基金救济范围通常包括车险、财产险、责任险、劳动者补偿等，一般会排除抵押、财务担保类保险及为投资风险提供保护的保险、信用保险、残疾险、产权保险、海上保险（纽约州未排除）、再保险合同、非保险合同，以及由政府担保或管理的保险业务（见表 2-9）。

表 2-9　美国各州产寿险保障基金救济范围比较

组织 州	事故与健康险	财务担保险	债务担保	失能险	保证险	信用险	产权险	海运险	投资风险	忠诚险
NCIGF	×	×	×	×	×	×	×	×	×	×
加利福尼亚州	×	×	×	×	×	×	×	×	×	×
佛罗里达州	×	×	×	×	×	×	×	×	×	×
纽约州	×	×	×	×	●	×	×	●	●	●
得克萨斯州	×	×	×	×	×	×	×	×	●	×

注：×为排除，●为不排除。

由于美国保险公司推出的产品种类较为繁杂，因此救济范围不只限于险种，更是细到了具体的保单、合同或计划中的某项责任。对于带有投资收益责任的产品，《人寿与健康保险保证协会示范法》中甚至规定了高于穆迪企业债券收益率一定比例的部分不保障，可见规定之细致和明确。救济范围通常会排除产品中具有投资收益性质的责任。《人寿与健康保险保证协会示范法》中规定"保单或合同中未保证的部分，或由被保险人承担的风险"、"保单或合同中包含的死差利差产生的红利"、"在破产之日时，保单或合同中参照的指数或外部指标等可能影响保单利率或价值的因素，但还未计入保单或合同的部分"等责任，均不属于救济范围（见表2-10）。

表2-10　《人寿与健康保险保证协会示范法》对救济范围的规定

保险责任（部分）	NOLHGA	加利福尼亚州	佛罗里达州	纽约州	得克萨斯州
合同中保险公司没有保证的部分，或由保单或者合同持有人承担风险的部分	×	×	×	×	×
再保险合同（除非合同有某些特殊条款）	×	×	×	×	×
变额寿险保单	●	●	×	×	●
变额年金合同或变额资金协议中不保证收益的部分	●	●	×	×	●
保单的预定利率、结算利率、信贷利率等超过穆迪企业债券四年平均债券收益率或更短时间内的收益率减去2%或最近的穆迪企业债券收益率减去3%的值	×	×	×	●	×
保单或合同中的通过规定的指标或外部基准确定的利息或其他变化的部分	×	●	×	●	×
未分配的年金合同	●	×	●	●	×
未经许可或未经授权的成员公司在本州发出的保单或合同	×	×	●	●	×

注：×为排除，●为不排除。

第二章 境外保险保障基金救济范围与标准

（二）救济有限额，且产险有免赔额

绝大多数州①的产险保障基金对劳动者补偿收益是100%无上限救济，对其他在救济范围内的个人伤害与财产损失的救济，通常情况下在30万美元以内，有个别州可达到50万美元到100万美元之间不等，还有个别州还设定了免赔额，通常为100美元（如加利福尼亚州、佛罗里达州）。

表2-11　美国各州产险保障基金救济限额及免赔额表

州＼组织	免赔额/最低受理额	每单救济限额	雇员补偿全额救济	每单未到期保费救济
NCIGF	无	30万美元	是	1万美元
加利福尼亚州	雇员补偿：无；其他：100美元	50万美元	是	雇员补偿：无；其他：低于100美元不予退还
佛罗里达州	100美元	30万美元；家财险为房屋结构和屋内物品提供额外的20万美元赔偿；公寓小区拥有物业管理的住户提供额外的10万美元赔偿	由雇员补偿基金救济	100%
纽约州	无	100万美元/次；对于承保财产风险在纽约州以外的保单：500万美元/单	由雇员补偿基金救济	100万美元
得克萨斯州	无	30万美元	是	2.5万美元

寿险保障基金对各种赔付责任均设有限额②，其中年金收益限额从10万美元到50万美元不等③。绝大多数州的寿险死亡赔付在30万美元④，净现金退保值、净现金支取值限额为10万美元。⑤对于长期护理险、残疾险，基本住院、医疗和手术保险及重大疾病险，其他健康险的赔付限额，各州从10万美元到50万美元甚至更多不等⑥。

---

① 有1个州对劳动者补偿的救济有限额（30万美元），有3个州不保（Insured by State Facility）。
② 新泽西州对健康险的赔付只设了赔付比例80%，不设金额上限。加利福尼亚州的寿险死亡赔付设定80%赔付比例，限额30万美元。
③ 仅3个州的限额为10万美元，9个州限额30万美元，4个州限额50万美元，其余36个州限额为25万美元。
④ 有6个州的限额为50万美元。
⑤ 有9个州的限额超过10万美元，在10万~50万美元之间，纽约州等3个州为50万美元。
⑥ 长期护理险、残疾险的限额以30万美元居多，基本住院、医疗和手术保险及重大疾病险的赔付限额以50万美元居多（50万美元也有44个州），其他健康险赔付以10万美元居多。

表 2-12　　美国各州寿险保障基金赔付责任限额表

州＼组织	身故	身故现金利益	住院、门诊、外科手术及主要医疗	失能/其他健康保障	年金收益现价（包含退保现价）	未分配的团体年金收益	分配的团体年金收益
NOLHGA	30 万美元	10 万美元	50 万美元	30 万美元/10 万美元	25 万美元	—	—
加利福尼亚州	80%，30 万美元	80%，10 万美元	20 万美元（随 CPI 调整）		80%，25 万美元	—	—
佛罗里达州	30 万美元	10 万美元	30 万美元	—	30 万美元		
纽约州	50 万美元	50 万美元	50 万美元	50 万美元	50 万美元	100 万美元	50 万美元
得克萨斯州	30 万美元	10 万美元	50 万美元	30 万美元	25 万美元	500 万美元	—

第二节　加拿大

加拿大属于大金融监管，其金融监管体系分为联邦和省两级，两级之间没有隶属关系。联邦金融监管局（Office of the Superintendent of Financial Institutions，OSFI）成立于 1987 年，前身是银行监管总署和保险部，负责监管所有银行和所有在联邦注册的保险公司、信托公司、信用社、福利社及养老金计划等，监管重心是偿付能力，旨在保护投保人利益；省级监管机构为金融服务委员会（Financial Institutions Commission），负责监管所有在本级注册的保险公司、信托公司等，重心是对市场行为进行监管。

为了应对保险公司破产的情况，在政府监管机构的批准下，加拿大的财产保险公司、人寿保险公司共同出资分别成立了针对财产险、人寿保险的两个保障基金管理机构，一个是财产险补偿协会（Property and Casualty Insurance Compensation Corporation，PACICC），另一个是 Assuris。两个机构都属于非营利性（Not - for - profit）组织，经营相应保险业务的保险公司分别强制加入成为其会员。[①]

PACICC 成立于 1988 年，由 OSFI 和保险监管部负责监管，基金内部设

---

①　联谊利益团体（Fraternal Benefit Societies）不是 Assuris 的会员。

董事会，董事由基金成员选举产生，公司常驻员工 7 人。自 1980 年以来，共有 35 家财产险公司破产，超过 34 万保单持有人的相关利益受到影响①。"公司赔偿基金"（The Corporation's Compensation Fund）② 是 PACICC 在保险公司破产的早期阶段流动性资金的主要来源③，2014 年这一基金的市值超过 5000 万加元。机构的主要职能是保障被保险人基本权益，减少保险公司破产成本，维护加拿大财险市场消费者信心，为保单持有人提供金融保护。

Assuris 成立于 1990 年④，基金由一个独立的董事会管理⑤，所有的董事都与基金成员公司保持独立，董事的选举依据他们的专业经验和处理破产事件的能力，董事会每年年初都会选举一个独立董事担任董事会主席，总裁兼首席执行官为非独立董事。机构的主要职责是当寿险公司出现破产情况时为投保人提供保障计划，确保以最小的利益损失将破产公司的保单快速转移给一家偿付能力充足的寿险公司，保护保单持有人的利益。2014 年末，Assuris 总资产 1.16 亿加元，其中流动资金账户余额 1.14 亿加元。

两个基金管理公司都受到《加拿大保险公司法》（Insurance Companies Act of Canada）的保护。该部法律在关于保险公司债务的定义中指出，保险公司如果在偿还其所属债务会引发破产或法院的清理命令时，这些债务的清偿顺序位于保单持有人债务之后。

一、财产险保障基金

当《联邦清算和重组法案》（Federal Winding-Up and Restructuring Act）的清算命令正式发出后，PACICC 可以履行其救济义务。⑥ 保障基金会自动对符合条件的保单索赔进行支付，而不需要保单持有人申请保护。财产险保障基金的救济范围包括意外与疾病保险、车险、锅炉和机械保险、信用保障保

---

① 1980—1986 年间有 20 家公司破产，1990—1995 年间有 9 家公司破产，2000—2003 年有 6 家破产。PACICC 参与救济的破产公司约为 15 家。
② 该基金发起于 1997 年，PACICC 所有成员保险公司在 1998—2000 年三年间向该基金贡献了 3000 万加元的初始资本金。
③ 该基金是 PACICC 永久性的流动资金来源，可以在一定范围进行投资运作增值。
④ 机构原名"CompCorp"，后于 2005 年更名为"Assuris"。
⑤ 现有董事 8 名。
⑥ 除清算令发出的其他情况，PACICC 不能和保险公司产生财务关系。

险、法律费用保险、责任险、家财险，不包括航空险、信用险、农险、董事与高管责任险、雇主责任险、明确的错误和遗漏（不包括医疗事故）、财务保证险、海上保险、抵押险、忠诚险、担保险、产权保险，以及曼尼托巴省和萨斯喀彻温省的车险。救济标准是：汽车和商业保险每张保单的最高补偿限额是 25 万加元；家财险每张保单的最高补偿限额是 30 万加元；未到期保费可视情况按最高 70% 退还，最多退还 700 加元[①]（见表 2-13）。

表 2-13　　加拿大财产险保障基金救济范围和赔付限额表

范围	每张保单赔付限额
汽车和商业保险	25 万加元
家财险	30 万加元
未到期保费	最高 70% 退还，最多退还 700 加元

二、寿险保障基金

Assuris 寿险基金救济的范围（依据产品保障责任）包括死亡给付、健康费用、月收入、现金价值，以及积累价值（Accumulated Value）[②]，还包括个人免税储蓄账户和团体免税储蓄账户中的投资积累年金。救济标准是：死亡给付最高 20 万加元，健康费用最高 6 万加元，月收入最高 2000 加元，现金价值最高 6 万加元，或相应保险利益的 85%，取较高值。积累价值最高赔付 10 万加元（见表 2-14）。

表 2-14　　加拿大寿险保障基金救济标准表

收益	Assuris 的保障	
死亡给付	20 万加元	或相应保险利益的 85%，取较高值
健康费用	6 万加元	
月收入	2000 加元/月	
现金价值	6 万加元	
积累价值	10 万加元	

---

① PACICC 一开始并不承担任何的未到期保费责任，只对 1996 年后的破产负责。2010 年才开始接受对未到期保费的索赔。

② 对于预缴保费及超过税优部分的积累账户，属于存款类产品的保障责任。Assuris 保障的存款类产品包括积累年金、万能寿险溢额账户和红利存款账户。

三、总结

1. 产险的救济范围排除了特定地区的特定险种，寿险的救济范围以保险责任划分。产险的救济范围除了排除有关险种外，还将曼尼托巴省和萨斯喀彻温省两个地区的车险排除在外，原因主要是这两个省自主选择商业车险不加入保险保障基金制度体系，不缴纳保障基金，不被救济。① 寿险的救济范围是以保险责任划分，而非险种，明确了救济的保险责任范围，主要是与人们的生命、健康、养老、现金流相关的保险责任，但并没有排除投资收益。

2. 产险的救济有上限，寿险对于关键性保险责任的救济没有上限。PACICC 对于救济范围内的每个险种的救济都有封顶额，以每张保单为限，对未到期保费的赔付不但有封顶额，还有赔付比例。Assuris 对积累价值的赔付有封顶额，但对于死亡给付、健康费用、月收入、现金价值等与人的生活关系重大的救济是 85% 的部分和封顶额中的较高值，是没有上限的。

第三节 英 国

对于英国保险公司破产和保险保障制度来说，其遵循的基本原则，并不是对保险公司进行救助，而是降低因为保险公司破产对投保人所造成的损失并且保护他们的权益，这种精神在新制度改革的过程中也得到了很好的延续和发扬。英国现行的投资者保护计划也称为"金融服务补偿计划"（Financial Services Compensation Scheme，FSCS），是由英国金融服务管理局（Financial Services Authority，FSA）于 2001 年根据《2000 年金融市场和服务法案》（Financial Services and Markets Act 2000）建立的，统一负责对存款人、投资者、保单持有人等的补偿工作。

FSCS 由金融服务补偿计划有限责任公司（Financial Services Compensa-

---

① 曼尼托巴省和萨斯喀彻温省车险未纳入保险保障体系，造成车险费率较其省平均高 60% 左右。

tion Scheme Limited，FSCSL）负责实施。该公司是一个独立的法人机构，具有商业公司的所有特点，它同时又受 FSA 的监督，在职能上担任 FSA 委任的存款、保险和投资赔付。根据法律规定，任何一个 FSA 会员在注册接受监管时，自动成为投资者保护计划的成员[①]。FSCSL 并无金融检查权及相关防范金融机构倒闭及早期干预机制，没有金融监管功能和权力，是事后被动收拾残局和承担金融机构倒闭的最后风险承受者。FSCS 由理事会管理，理事由 FSA 指定。FSA 要保证 FSCS 运作的独立性，但 FSCS 运作仍然要向 FSA 负责，双方之间的关系由谅解备忘录调整。

FSCS 的内容包括：存款、保险、保险经纪（2005 年 1 月 14 日之后的业务），包括与度假套票或其他相关旅行（例如由旅游公司和度假中介提供）一起售卖的旅行保险［2009 年 1 月 1 日之后的业务、投资、家居财务（2004 年 10 月 31 日之后的业务）］。FSCS 的职责是：保障单个补偿计划的有效运作；制定有效运作的程序帮助 FSCS 实现其功能；征集资金用于满足管理费用，补偿成本和设立成本；为有效而经济的方式实现目标充分利用自身的资源；就其功能的履行情况向 FSA 报告；公布与其运营相关的信息。

FSCS 制度在保险业的主要目标是让破产公司的保单持续，使保单持有人继续持有长期保险合同而不受利益损害。这意味着，一旦有保险公司破产，FSCS 会尝试将破产公司的所有保单转移（Transfer）至另一家保险公司。但如果转移失败，则会依照补偿标准对保单持有人进行相应补偿。

一、FSCS 救济范围

一般而言，FSCS 的补偿对象主要是个人及小型企业（年营业额需低于 100 万英镑），大型商业企业一般被排除在外（但保单中的强制性元素也涵盖大型企业），补偿的险种范围包括车险、家财险、宠物险（Pet Insurance）、旅游险和支付保障险（Payment Protection Insurance，PPI），还有

[①] 金融机构根据其业务经营许可，必须参加 FSCS 各子计划（如一个机构具有多种经营许可，则需要参加多个子计划）。

长期保险产品，如寿险和养老金（养老金和年金通常被认为是投资产品，但在现实中，它们通常都是长期保险合同）。所有非寿险（General Insurance）中的强制性元素也在补偿范围内。2005年1月14日后，保险经纪业务（Insurance Broking）也被纳入FSCS体系中，如果客户在购买保险产品时被误导或被欺诈而蒙受损失[①]，也可申请FSCS补偿。补偿的险种不包括信贷险、海上保险、航空和运输商业保险。

二、FSCS 救济标准

FSCS对保险业务的补偿标准是：车险、雇主责任险和职业保障险，其中与第三者相关的元素受全额赔付，其余元素赔付索赔额的90%；死亡或因伤害、疾病或衰弱导致保单持有人丧失工作能力，全额赔付；家财险、宠物险、旅游险、支付保障险和其他非寿险，赔付索赔额的90%；养老金储蓄或退休收入（如通过年金产品获得的），如果是寿险合同提供的，则全额赔付；捐赠保单（Endowment Policies）或投资债券（Investment Bonds），由于这些都是带有储蓄元素的长期寿险保单，因此是全额赔付；对于在赔偿范围内的保险经纪业务，可赔付索赔额的90%，没有上限，有强制性元素的保险可全额赔付（如车险的第三者责任）。

表2-15　　　　　　　　　　PSCS 救济标准表

类别	补偿比例
车险、雇主责任险和职业保障险	与第三者相关的元素100%，其余元素90%
死亡或因伤害、疾病或衰弱导致保单持有人丧失工作能力	100%
家财险、宠物险、旅游险、支付保障险和其他非寿险	90%
保险经纪业务	有强制性元素的保险100%，其他90%

---

① 在这种情况下，补偿涵盖的险种包括车险、家财险、宠物险、旅游险和支付保障险（Payment Protection）。

三、总结

1. 救济对象为个人及小型企业。除强制险或保单中带有强制性元素的赔付涵盖大型企业外，其余赔付均只针对个人及小型企业，小型企业的标准是年营业额低于100万英镑。

2. 不设赔付金额上限。由于已排除大型企业的保单及索赔额偏高的部分险种（如信贷险、海上保险），FSCS对赔偿范围内的所有业务的赔付均未再设定封顶额。

第四节 日 本

日本是保险业最发达的国家之一，保费收入长期居世界第二位（仅次于美国）[①]。但从20世纪90年代开始，受泡沫经济破灭、经济萧条等因素的影响，相继有10家保险公司（8家寿险公司、2家产险公司）退出市场。1997年，日本寿险排名第16位的日产生命宣布破产，成为第一家倒闭的保险公司。受到这一事件影响，并基于处理日产生命退场的经验，日本保险主管机关大藏省下设的"支付保证制度相关研究会"提出了改革建议案[②]给保险审议会，上呈给大藏省。以此改革建议案为基础的法律修正案在1998年1月送交日本国会讨论，成为《金融体系改革法》内保险业修正的部分内容。1998年6月《保险业法》修法通过，1998年12月1日"财产损害契约者保护机构"和"生命保险契约者保护机构"两个法人机构分别成立，以代替原有的保险契约者保护基金[③]，协助处理问题产险、寿险公司有关保险契约权益保障的事宜。所有产险、寿险公司，均须强制加入各自行业的契约者保护机构。

[①] 1994年日本保费收入甚至超过美国，雄踞世界首位。

[②] 改革建议案主要内容是建立"支付保证制度"，以作为安定金融、保险交易市场的紧急处理措施。

[③] 日本曾于1996年设有"保险契约者保护基金"，其目的在于使退场保险公司的保单能够顺利移转至救援保险公司，但对现存的业内公司采用自由选择参加与否的方式。在1997年日产生命退场处理中，这一机制暴露了诸多问题，亟需变革。

第二章　境外保险保障基金救济范围与标准

日本的财产险保障基金由"财产损害契约者保护机构"① 管理并使用，维持公众对保险公司及其业务的信心是机构的目标。日本国内所有从事财产险及意外险业务的保险公司（不含专业再保险公司、外国财产和意外险公司、经营以外币签发给非本国居民的财产险合同的保险公司、船主责任保险契约销售公司及其再保险合同销售公司以及不符合《保险业法》相关规定的公司）均是该机构会员。机构业务主要是对承接破产成员的保险合同转让的公司开展财务援助②、成立子公司承接破产公司的保险合同、对保险合同进行补偿、为成员提供紧急贷款及其他业务。

寿险保障基金由"生命保险契约者保护机构"③ 管理并使用。日本国内所有寿险公司（不含寿险再保险公司、经营以外币签发给非本国居民的寿险合同的保险公司）均是该机构会员。机构主要业务是向会员收取会费、转让破产公司保险合同、成立公司承接破产公司保险合同、对补偿对象进行资金赔偿及其他业务。

《日本保险业法》第 259 条规定，机构的目的在于以下列业务方式，保护保险契约者的利益，并维持大众对保险业的信赖：对于救援公司进行资金上的援助，使保险契约的转移能够顺利进行；若是救援公司未出现，机构将以包括转移方式承接破产公司的所有契约。

一、财产险保障基金

日本的财产险保障基金救济对象是个人、小规模法人④、高级住宅管理组合（主要针对作为居住用途的建筑物进行管理的组合），救济范围为所有财产险业务。⑤

---

① 英文全名为 Non-life Insurance Policy-holders Protection Corporation of Japan。
② 包括保险合同的继承（从破产公司的合同转让给继任公司）、保险合同的再继承（从后继公司的合同转让给其他公司）、保险合同的再转让（从契约者保护机构转让给其他公司）。
③ 英文全名为 Life Insurance Policyholders Protection Corporation of Japan。
④ 破产时正式聘任的员工人数在 20 人以下的法人机构。
⑤ 因救济对象为个人和小规模法人，故大部分航空险和一部分企财险、责任险、货运险实际都不在救济范围之内。

救济标准见表 2-16。

表 2-16　　日本财产险保障基金救济标准表

		保险金支付比例	满期金及解约金返还比例
一般非寿险保单	交强险、住宅地震险	100%	
	商业车险	保险公司破产前3 个月为 100%，破产 3 个月之后为 80%	80%
	火灾保险		
	其他非寿险（赔偿责任险、动产总合保险、海上保险、运送保险、信用保险、劳动者灾害补偿责任保险等）		
意外险和健康险保单	短期意外、海外游客意外险	90%	90%
	年金累积给付意外险、财产储蓄意外险、确定抛出年金意外险		
	其他意外险和健康险（上述以外的意外险、所得补偿保险、医疗及护理费用保险等）		90%（累积型保险的累积部分为 80%）

二、寿险保障基金

日本寿险保障基金对所有保单持有人均予以救济，但救济范围不包括团体险保单的独立账户部分、运用业绩连动型保险契约的特殊账户部分。救济标准为：对于普通保单，救济保单准备金的 90%；对于高利率保单，则根据破产前每年的利率与当年准备金利率差进行计算（见表 2-17）。

表 2-17　　日本寿险保障基金救济标准表

范围	赔付金额
普通保单	90% × 保单准备金
高利率保单	[90% −（破产前 5 年每年的利率与当年准备金利率差的合计）/2] × 保单准备金

三、总结

日本保险业的危机在保险公司的相继破产中得到逐步暴露，其破产公司的缺口主要由三个方面承担：保险契约者保护机构、保单受让公司、保单持有人。

1. 财产险救济对象为个人及小规模法人。与英国类似，日本将大型企业排除在救济范围之外，但其对小规模法人的界定略有不同。英国是以年营业额为标准，日本则以公司合同员工人数为标准。对小微企业的界定主要根据本国经济实情确定，没有统一标准。

2. 交强险、住宅地震险全额救济，其他财产险救济不设上限。交强险为强制险，住宅地震险则是根据日本《地震保险法》推广的政策性的住宅地震保险，居民在购买住宅时自动附加地震保险，也可选择不附加①，但因政策性、民生性较强，对该险种予以全额救济。其他财产险救济虽然不设上限，但是对出险概率较高的车险、火灾险及其他非意外健康的非寿险，给予了3个月的期限，破产3个月内能得到100%的救济，3个月后只能得到80%。这在一定程度上控制了保障基金的救济成本，也相对公平。

3. 缩减寿险公司责任准备金或调低保单预定利率是较为常用的风险处置手段。根据日本现行法令规定，对于问题寿险公司的风险处置，可采用两种手段：

一是行政程序。日本早期寿险公司财务发生状况导致失去偿付能力时，法令规定还未完备，保险公司的财务、业务状况没有完整披露，因此《保险业法》规定，由主管机关以行政处分权介入，在缩减责任准备金及调降保单预定利率后，将保险合同转移至其他寿险公司承接的方式完成退场处置。

---

① 为鼓励居民投保，对投保的纳税人予以最高5万日元个人所得税和2.5万日元个人居民税的免除。

表 2－18　　　　日本早期寿险公司行政程序退出情况表

	日产生命 （相互制）	东邦生命 （相互制）	第百生命 （相互制）	大正生命 （股份制）
处置时间	1997 年 4 月	1999 年 6 月	2000 年 3 月	2000 年 8 月
债务超过额度	约 3029 亿日元	约 6500 亿日元	约 3177 亿日元	约 365 亿日元
缩减责任准备金	零削减	原则上减至 90%	原则上减至 90%	原则上减至 90%
预定利率	调降至 2.75%	调降至 1.5%	调降至 1.0%	调降至 1.0%
破产前平均	5.50%	4.79%	4.46%	4.05%
解约闭锁期	7 年	8 年	10 年	9 年
承接公司	Prudential（美）生命	AIG Edison 生命	Manulife 生命	大和生命
保障基金资金援助额度	2000 亿日元	3663 亿日元	1450 亿日元	267 亿日元
合同转移时间	1997 年 10 月	2000 年 3 月	2001 年 4 月	2001 年 3 月

二是更生程序。日本于 1999 年处置东邦生命时，日本生命保险协会曾提出，希望金融监督厅可以允许问题寿险公司在可能宣告破产前，降低其与保户约定的预定利率，以便有效遏止保险公司发生倒闭的危机。2000 年，日本制定了《金融机构重整特别法》，将相互制寿险公司纳入该法适用对象。2000 年 10 月，对千代田生命进行风险处置时即适用该程序，在法院监督下，透过开会协商对一般保险公司债权人的债权予以削减，并顺利获得 AIG 集团出资而完成重整和恢复营业。之后的问题寿险公司均采用该模式进行处置。

表 2－19　　　　日本寿险公司更生程序退出情况表

	千代田生命 （相互制）	协荣生命 （股份制）	东京生命 （相互制）	大和生命 （股份制）
处置时间	2000 年 10 月	2000 年 10 月	2001 年 3 月	2008 年 10 月
债务超过额度	约 5950 亿日元	约 6895 亿日元	约 731 亿日元	约 115 亿日元
缩减责任准备金	原则上减至 90%	原则上减至 92%	零削减	原则上减至 90%
预定利率	调降至 1.5%	调降至 1.75%	调降至 2.6%	调降至 1.0%
破产前平均	3.70%	4.00%	4.20%	不明
解约闭锁期	10 年	8 年	10.5 年	不明
承接公司	AIG star 生命	Gibraltar 生命	T&D Financial 生命	Prudential Gibraltar Financial 生命
保障基金资金援助额度	0 日元	0 日元	0 日元	278 亿日元
处置完成时间	2001 年 4 月股份化重新营业	2001 年 4 月重新营业	2001 年 10 月股份化重新营业	2009 年 6 月重新营业

第二章　境外保险保障基金救济范围与标准

第五节　中国台湾

为保障被保险人的基本权益，维护金融市场的稳定，台湾当局根据"保险法"（第143-1及第143-3条等）于2009年7月3日成立保险安定基金，并于同年7月14日完成财团法人设立登记程序。基金设立之初，其原始资金为2亿元新台币：财团法人人身保险安定基金捐助1亿元新台币；财团法人财产保险安定基金捐助1亿元新台币。

当台湾保险公司的经营符合"保险法"第149条第8项规定的条件："保险业因业务或财务状况显著恶化，不能支付其债务，或无法履行契约责任或有损及被保险人权益"时，主管机构可以视情节的轻重按派员监管、派员接管、勒令停业派员清理、命令解散四种处分方式处分。当保险公司在被接管、勒令停业清理、解散、重整的时候，安定基金可以代其垫付保险人、被保险人以及相关受益人的契约请求，如以低利息对遭受损失的公司进行贷款或者垫付。

一、财产险保障基金

台湾保险安定基金在《财团法人保险安定基金对财产保险业动用范围及限额规定》①中规定，救济范围为在台湾地区内销售的保单，不包括再保险业务。

救济标准为：强制汽车责任保险，依强制汽车责任保险给付标准垫付；住宅地震保险，依住宅地震保险共保及危险承担机制实施办法规定垫付；其他各种保险按保险合同规定及申请保险赔款的90%垫付，并以300万元新台币为限；同一人在同一保险公司或保险合作社有数个合约请求者，垫付金额以300万元新台币为限；责任保险依"保险法"第94条第二项直接向保险人请求给付赔偿，第三人应与被保险人合并计算该垫付限额；如果按照保险契约请求退还保险费，则按请求金额的40%垫付。

---

① 2014年由"台湾金融监督管理委员会"修正核准颁布。

表 2–20　　　　　台湾财产险保障基金救济标准表

给付项目	得请求金额百分比	最高限额
强制汽车责任保险给付	—	依强制汽车责任保险给付标准垫付
住宅地震保险	—	依住宅地震保险危险分散机制实施办法规定垫付
与伤害保险及健康保险有关之医疗给付	—	依本基金对人身保险业动用范围及限额规定垫付
其他各种保险	90%	300 万元新台币
请求退还保险费	40%	—

二、寿险保障基金

台湾寿险保障基金也是由财团法人安定基金管理运作,与财产险保障基金分账管理。寿险救济范围与标准在《财团法人保险安定基金对人身保险业动用范围及限额规定》① 中有明确规定。对寿险合同的救济范围不包括未经"法令"许可的保险公司在国内所销售的保险契约、台湾人身保险业在岛外的(总)分支机构在岛外销售的保险契约、保险产品的专设账簿部分、依据"劳工退休金条例"与年金保险实施办法规定销售的劳退企业年金保险契约及劳退个人年金保险合约以及再保险契约。

救济标准依据保险责任设定:身故、残废、满期、重大疾病(含确定罹患、提前给付等)以每一被保险人计,所有满期契约(含主附约)按保险金额的 90% 垫付,最高为 300 万元新台币;年金(含寿险之生存给付部分)以每一被保险人计,按年金金额的 90% 垫付,每年最高为 20 万元新台币;医疗给付(不包含长期照护给付)以每一被保险人计,每一保险事故垫付金额每年最高为 30 万元新台币;长期照护给付以每一被保险人计,每一保险事故垫付金额每年最高为 24 万元新台币;解约金给付以每一被保险人计,按解约金的 20% 垫付,垫付金额最高为 100 万元新台币;未满期保险费以每一被保险人计,按未满期保险费的 40% 垫付;红利给付以每一

---

① 2014 年由"台湾金融监督管理委员会"修正核准颁布。

第二章 境外保险保障基金救济范围与标准

被保险人计,按红利给付金额的90%垫付,最高为10万元新台币;保险业合并或承受经营不善业者的契约则以内含价值作为基础。

表 2-21 台湾寿险保障基金救济标准表

给付项目	单位	得请求金额百分比	最高限额
身故、残废、满期、重大疾病(含确定罹患、提前给付等)保险金	以每一被保险人计,每一保险事故;或每一被保险人之所有满期契约(含主附约)	90%	300万元新台币
年金(含寿险之生存给付部分)	以每一被保险人计	90%	每年20万元新台币
医疗给付(不包含长期照护给付)	以每一被保险人计,每一保险事故	—	每年30万元新台币
长期照护给付	—		每年20万元新台币
解约金给付	以每一被保险人计	20%	100万元新台币
未满期保险费	以每一被保险人计	40%	—
红利给付	以每一被保险人计	90%	10万元新台币

三、总结

1. 对于关系到社会公众人身利益的保险,救济程度最高。保险是一种风险管理的手段,更是金融体系和社会保障体系的重要支柱,保险公司作为保险的载体,是社会生产和生活的"稳定器",所以保险公司经营的好坏,不仅关系到金融市场的稳定,更直接关系到人民大众的切身利益,台湾安定基金对于保险公司救济标准的制定,首先考虑的就是这一点,其次才是市场的因素。如对交强险、住宅地震险以及身故、残废、满期、重大疾病(含确定罹患、提前给付等)等保险金均给予最高水平的救济。

2. 对退还保费或解约金救济标准较低。财产险对退还保险费的请求,救济比例仅为40%;寿险保单的解约金仅救济20%,并设定了100万元新台币的上限。这样的设计的主要目的是在保险公司突发危机时,通过救济金额规定等限制保单退保,避免发生群体事件和集中退保,维持相对正常的处置秩序,缓解现金流压力。

第六节　新加坡

新加坡的保险保障基金成立于 2005 年，其名称为保单持有人保障计划（Policy Owners' Protection Scheme，PPF Scheme）。新加坡存款保险有限公司（SDIC）负责执行新加坡保单持有人保障计划。基金的成立依据为《存款保险和保单持有人保障计划法案》（Deposit Insurance and Policy Owners' Protection Schemes Act）。

一、财产险保障基金

财产险保障基金的救济对象为拥有新加坡国籍和永久居留权的保单持有人以及保险公司，救济范围为强制保险（强制车险和工伤保险）、个人车险、个人旅游险、个人企财险、外籍女佣保险、个人及团体短期意健险。对在救济范围内的所有保单持有人均予以 100% 的救济，且无上限。

表 2-22　　　　　　新加坡财产险保障基金救济标准表

类别	补偿比例
未到期保费	100%
强制保险（强制车险和工伤保险）	
个人车险	
个人企财险	
外籍女佣保险	
个人及团体短期意健险	

二、寿险保障基金

新加坡的寿险保障基金也由 PPF 管理并由 SDIC 执行，其救济对象为所有保单持有人，救济范围为个人及团体长期保险、个人及团体终身保险、个人及团体养老保险、个人及团体年金、个人及团体长短期意外健康险。救济标准为：对年金、强制团体的寿险、个人及非强制团体寿险保单的退保金，最高救济限额为 10 万新加坡元；对于个人或非强制团体寿险，最高救济限额为 50 万新加坡元；对于强制团体终身或储蓄保单的退保金，最高救济限额为 5 万新加坡元。

表 2-23　　　　新加坡寿险保障基金救济标准表

保障的利益	赔付限额	其他规则
个人寿险、自愿性团体寿险	50 万新加坡元	
个人寿险、自愿性团体寿险退保		
个人年金、自愿性团体年金、非自愿性团体定期寿险、非自愿性团体终身或养老险、非自愿性团体年金	10 万新加坡元	医疗险若为附加险则上限与主险累计计算
非自愿性团体终身或养老险退保	5 万新加坡元	
个人或团体意外、健康险		
积累价值（含利息）、优惠存单（Coupon Deposits）、预付保费、未领取款项（Unclaimed Moneys）	100%	

三、总结

1. 财产险只救济个人保单持有人和保险公司持有的保单。对个人和保险公司的财产险保单持有人，SDIC 给予所有保单及未到期全额救济，且无上限。与企业相比，个人的风险辨别能力、损失承受能力更差，属于弱势群体，应当给予倾斜。对保险公司的财产险保单予以全额救济主要是为了防止发生新的行业性风险。

2. 对退保的救济程度低。个人寿险及自愿性团体寿险、非自愿性团体终身或养老险的保险事故赔付的救济均高于退保的救济。

3. 对积累价值给予全额救济。这是 SDIC 的救济标准不同于其他国家和地区之处，如加拿大等国对积累价值给予 10 万加元的救济限额。积累价值具有养老功能，新加坡对积累价值给予递延纳税的政策，鼓励保单持有人最大限度增加保留在积累价值账户的金额。考虑到这一点，SDIC 对积累价值的救济程度较高。

第七节　马来西亚

马来西亚财产险保障基金由马来西亚存款保险公司（PIDM）管理，其保单持有人利益主要由"保险及伊斯兰保险利益保障制度"（TIPS）保障。TIPS 规定，救济基于保险利益而非保单的类型，救济的保单必须以林吉特（马来西亚货币单位）计价且必须由在马来西亚获得执照的保险公司发出，救济的保单持有人包括所有类型。

一、财产险保障基金

救济范围包括不动产（房屋、工厂等）、动产（机械、办公设备、货物等）、机动车辆、船舶、航空、第三者的财产损失和人身伤害。不包括商业利润损失、员工欺诈损失、法律诉讼费用、支付业务过失损害赔偿。救济标准为：对于救济范围内财产的损失或毁坏，每项财物损失赔付限额为 50 万林吉特；对于死亡和相关利益、永久伤残、重大疾病，赔付限额为 50 万林吉特；对于伤残收入的赔付限额为每月 1 万林吉特；对于医药费用和可退还的预付保费，100% 予以赔付且无上限。

表 2-24　　马来西亚财产险保障基金救济标准表

保障的利益	赔付限额
财产的损失或毁坏： 包括符合条件的（一）不动产（房屋、工厂等），（二）动产（机械、办公设备、货物等），（三）机动车和（四）船舶和飞机	每项财物 50 万林吉特
死亡和相关利益	50 万林吉特
永久伤残	
重大疾病	
伤残收入	1 万林吉特/月
医药费	100%
可退还的预付保费	100%

二、寿险保障基金

马来西亚寿险保障基金也是由马来西亚存款保险公司管理。救济范围不包括商业利润损失、员工欺诈损失、法律诉讼费用、投资连结保单的投资部分、支付业务过失损害赔偿。救济标准为：死亡和相关利益、永久伤残、重大疾病、到期价值（不包括投资连结保单的单位部分）、退保价值，最高赔付限额为 50 万林吉特；累计的现金红利最高赔付限额为 10 万林吉特；伤残收入、年金收入最高赔付限额为每月1万林吉特；医疗费、可退还的预付保费，100%予以赔付且无上限。

表 2-25　　　　　马来西亚寿险基金救济标准表

保障的利益	赔付限额
死亡和相关利益	50 万林吉特
永久伤残	
重大疾病	
到期价值（不包括投资连结保单的单位部分）	
退保价值	
累计的现金红利	10 万林吉特
伤残收入	1 万林吉特/月
年金收入	
医疗费	100%
可退还的预付保费	100%

三、总结

1. 对财产的损失或毁坏救济程度高。对符合条件的财产损失或毁坏，PIDM 对每项财物均给予 50 万林吉特的救济，而非每单或每一保单持有人。

2. 对伤残收入、年金收入救济标准较高。伤残收入、年金收入按每月 1 万林吉特（约合人民币 1.56 万元）给予救济，每年合计 12 万林吉特（约合人民币 18.72 万元），这一标准较马来西亚人均年收入[①]高出近两倍。

第八节　各国（地区）救济范围与标准比较分析

一、财产险

（一）关于救济范围

财产险保障基金救济范围一般按照险种划分。上述国家和地区通常救

---

① 有关资料显示，2014 年马来西亚人均年收入 13685 美元。

济的险种有车险（包括强制汽车险和人身伤害）、个人财产险、房屋（家庭）财产保险、雇主责任险、住宅和地震保险、未到期保费等。排除的险种类别有：再保险业务、保证保险、船舶保险、政府担保或管理的财产保险业务，除美国、加拿大、日本三国外，境外业务通常也被排除在救济范围外。部分国家和地区还会根据保险标的所在地区、保单持有人国籍、保单持有人类型（个人或法人），以及救济时限等因素限定救济范围，如美国各州要求保险标的在本州内才可被救济，新加坡要求保单持有人必须持本国国籍才可被救济，日本和英国只救济自然人和中小微企业保单持有人，并对中小微企业规模有明确的限定，美国佛罗里达州规定保单持有人须在保险公司被裁定偿付能力不足后30日内发生事故才可被救济。

表2-26　　　　　　　　各国财产险救济范围比较

国家和地区	常见的排除险种									其他规则
	信用保险	保证保险	船舶保险	航空保险	失能保险	雇员忠诚保险	货物运输保险	再保险	境外业务	
美国	×	×	×	●	×	×	●	×	●	保险标的必须位于本州内
加拿大	●	×	×	×	●	×	●	×	●	
英国	●	×	×	×	●	●	×	×	×	只救济自然人和中小微企业
日本	●	×	×	×	●	●	●	×	●	
中国台湾	●	●	●	●	●	●	●	×	×	
新加坡	●	●	●	●	●	●	●	×	×	只救济拥有国籍和永久居留权的保单持有人
马来西亚	●	●	●	●	●	●	●	×		

注：×为排除，●为不排除。

（二）关于救济标准

对于财产险保障基金的救济标准，上述国家和地区通常采用"免赔—比例—上限"的形式，不同之处在于相关参数的设定及部分国家和地区对保单采用的其他调整措施。除日本和英国外，其余国家和地区均采用了救济上限的形式,如中国台湾采用了救济比例和救济上限相结合的形式,美国加利福尼亚州和佛罗里达州采用了免赔额(或最低受理额)和救济上限相结合的形式。研究的所有国家和地区均不会同时采用免赔、救济比例、救济上限三种手段,也不会单独采用免赔额(或最低受理额)的手段,设定救济上限为绝大多数国家和地区的选择(见图2-1)。

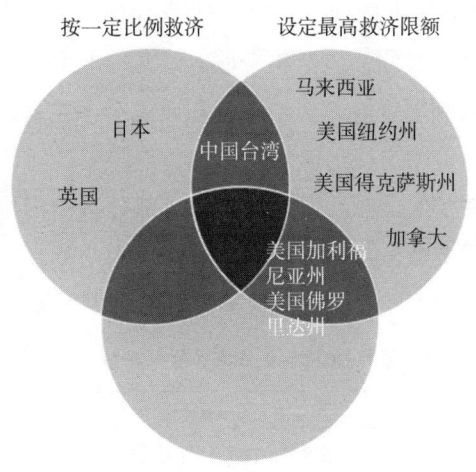

图2-1 各个国家和地区非寿险保障基金救济标准设定的形式

各个国家和地区对强制保险的救济比例均为100%,且不设救济上限(加拿大未提及强制保险内容)。对与大众基本利益密切相关的险种(如住宅地震保险、家财险等),救济比例通常也为100%,且不设救济上限,如日本、中国台湾。其他在救济范围内的险种救济比例通常在80%~90%之间,救济上限在各个国家和地区之间差异较大,美国纽约州高达100万美元(折合人民币约644万元),而中国台湾则为300万元新台币(折合人民币约58万元),两者相差近11倍。各个国家和地区对未到期保费救济的形式不尽相同,美国佛罗里达州、英国为全额救济,中国台湾设定了40%的救济比例,美国纽约州、得克萨斯州设定了救济上限,加拿大不但设定了70%的救济比例,还设定了700加元的救济上限,美国加利福尼亚州设定了100美元的最低受理额,而日本则规定储蓄型财产险应降低预定利率后再予以退还。

二、寿险

(一) 关于救济范围

上述国家和地区寿险保障基金对救济范围的划定主要以保险责任类型为依据。救济范围通常包括两大部分：一部分是风险保障部分，包括身故、残疾（失能）、健康费用（包括重大疾病、医疗、长期护理等）等；另一部分是资金收益部分，包括年金收入、现金价值（或退保价值）、红利、积累价值（或到期价值）等。各国和地区对不在救济范围的保险责任的设定各有不同，美国的规定最为精细化，最常见的排除责任有：马来西亚、中国台湾排除了保险产品中的投资账户部分，美国排除了保单或合同中未保证的部分或由被保险人承担的风险，美国纽约州、佛罗里达州排除了变额寿险合同、变额年金合同或变额资金协议中不保证收益的部分。

表 2 - 27　　各个国家和地区寿险保障基金救济范围比较

国家或地区	救济范围除外责任
美国*	保单或合同中未保证的部分，或由被保险人承担的风险 保单或合同中包含的死差利差产生的红利 再保险合同（除非已依据再保合同制定了违约证明） 部分由雇主或其他组织为员工或会员提供的人身、健康或年金自保险 在破产之日时，保单或合同中参照的指数或外部指标等可能影响保单利率或价值的因素，但还未计入保单或合同的部分
马来西亚	投资连结保单中的投资部分
中国台湾	保险产品的专设账簿部分
日本	团险保单的独立账户部分

注：美国信息来源于《人寿和健康保险保证协会示范法》。

(二) 关于救济标准

上述国家和地区对救济标准的制定均依产品责任类型不同而不同，责任类型划分不完全一致。标准的制定形式与非寿险保障基金相同，各国均采用了"比例—上限"形式。美国（除加利福尼亚州外）、马来西亚、新加坡采用了"上限"形式；加拿大采用的是"上限"或"比例"的形式，取两者的更大值；中国台湾采用了"比例+上限"的形式。总的来看，"上限"形式更为常用。采用救济比例的美国加利福尼亚州和中国台湾，

第二章 境外保险保障基金救济范围与标准

对各类产品责任的比例设定通常不会低于80%，中国台湾除了解约金给付（退保）的救济比例为20%之外，其余产品责任的救济比例均为90%。马来西亚、新加坡对医疗责任的救济采用了"比例"的形式，救济比例为100%。救济上限在各个国家和地区之间差异较大，但基本是根据本国和地区的国民经济水平、居民收入、保险业发展等情况来确定，如美国的标准在各国中最高，在10万~50万美元之间（折合人民币约65万~323万元），马来西亚的标准最低，在10万~50万林吉特之间（折合人民币约7万~24万元）。加拿大最高为20万加元（折合人民币约94万元），新加坡最高为50万新加坡元（折合人民币约229万元），中国台湾最高为300万元新台币（折合人民币约59万元）。

表2-28　　各个国家和地区基金救济标准比较表

国家和地区	死亡	残疾	重疾	医疗	年金	满期	现金价值（退保金或支取值）	账户价值	备注
美国*	30万美元	30万美元	10万美元	50万美元	25万美元	/	10万美元	/	
美国加利福尼亚州	80%，30万美元	/	/	80%，20万美元（随CPI调整）	80%，25万美元	/	80%，10万美元	/	• 寿险和年金救济总额不超过30万美元 • 多张保单合计救济限额500万美元
美国纽约州	50万美元（总限额/人）						50万美元（不属于为员工福利计划提供资金收益的融资协议）	投资专户最低保证的部分100%	• 团体意外险和健康险的全部利益至少保障6个月 • 没有个人收益保证的团体年金，对团体总限额为100万美元，若团体年金有个人保证，则每人限额50万美元

175

续表

国家和地区	死亡	残疾	重疾	医疗	年金	满期	现金价值（退保金或支取值）	账户价值	备注
加拿大	20万加元	2000加元/月	/	6万加元	2000加元/月	/	6万加元	100%，10万加元	或不低于保额的85%，取更高值
中国台湾	90%，300万元新台币	90%，300万元新台币	90%，300万元新台币	30万元新台币/年	20万元新台币/年	90%，300万元新台币	20%，100万元新台币	90%，10万元新台币（红利）	• 长期照护20万元新台币/年 • 未满期保费40%
马来西亚	50万林吉特	50万林吉特	50万林吉特	100%	1万林吉特/月	50万林吉特	50万林吉特	10万林吉特（红利）	• 伤残收入1万林吉特/月 • 可退还的预付保费100%
新加坡	个人50万新加坡元 团体10万新加坡元	/	/	100%	10万新加坡元	/	10万新加坡元	10万新加坡元	强制性团体终身或两全5万新加坡元
日本	普通保单＝90%×保单准备金 高利率保单＝［90%－（破产前5年每年的利率与当年准备金利率差的合计）/2］×保单准备金								

注：1美元≈6.9021元人民币；1加元≈5.1849元人民币；1日元≈0.0609元人民币；1新加坡元≈4.9223元人民币；1元新台币≈0.2254元人民币；1马来西亚林吉特≈1.5546元人民币，其中，美国信息来源于《人寿和健康保险保证协会示范法》。

三、小结

研究发现，各个国家和地区制定救济范围与标准通常首要考虑为保单持有人提供的保障水平，但绝非全额保障（避免道德风险），同时也会考虑救济成本因素。[①] 保险保障基金基本遵循"以支定收"的理念，这在部分实行事后筹集的国家和地区（如美国、加拿大）表现尤为明显。

各个国家和地区制定救济范围与标准通常遵循四个基本原则：一是保障民生。救济范围与标准应当保障与人民生命、生活质量息息相关的保险产品或责任。二是保障基本。救济范围与标准应当保证绝大多数保单持有人获得一定程度的保障。三是保障公允。救济范围与标准应当秉持公平、公正原则，能够被大众认可和接受。四是保障量化。救济范围与标准必须简单明了，基于简明直接的名称或指标，给予量化的数字表示，能够被大众迅速解读并理解。

1. 关于救济范围

各国或地区的非寿险和寿险救济均排除了部分业务或保险责任。所有国家和地区都排除了再保险业务，多数国家排除了境外业务；非寿险中排除保证保险[②]、船舶保险[③]的国家和地区数量最多；寿险中排除"保单的投资账户部分"的国家和地区数量最多[④]。

2. 关于救济标准

各国或地区的非寿险和寿险均对不同业务或保险责任设置了差异化的救济标准。一是强制保险、关乎民众财产和生命基本利益的业务/责任救济程度高。非寿险中，所有国家和地区对强制险采取100%救济且无上限，日本、中国台湾对住宅地震险也采取100%救济无上限，有3个国家和地区对未到期保费采取100%救济；寿险中，身故、医疗、重疾、残疾/失能、年金救济程度高。二是非关乎民众财产和生命基本利益的业务/责任救济程度低。非寿险中的非强制险、非住宅地震险的财产险救济程度低，救济比例通常为80%或90%；寿险中的现金价值、账户价值救济程度低，

---

① IAIS《关于保单持有人保障计划的研究报告》（2013年10月）第17页"救济范围与标准"。
② 美国、加拿大、英国的非寿险保障基金不救济保证保险。
③ 美国、加拿大、英国的非寿险保障基金不救济船舶保险。
④ 美国、马来西亚、日本、中国台湾寿险保障基金不救济"保单的投资账户部分"（各国或地区表述略有差异）。

救济比例通常为80%或90%，甚至低到20%。三是采用"上限"救济标准的国家和地区数量最多。有4个国家和地区的非寿险、6个国家和地区的寿险救济标准采用了"上限"形式。

第三章
现行救济范围与标准存在的问题

2008年9月,保监会、财政部和中国人民银行发布《保险保障基金管理办法》规定的非人寿和人寿保险的救济范围和标准,是根据当时我国保险行业发展的实际情况,并参考了一些国家和地区的同类规定制定的,具有简明、清晰、易操作等特点,符合我国国情和国际惯例,较为科学合理。但从设定的基本原则来看,现行救济范围与标准存在一些问题:一是采用比例赔偿方式,没有设定自负额和赔偿限额,过高的保障程度弱化了保单持有人对保险公司的风险选择及保险监管者的监管力度;二是仅仅区分非人寿保险合同和人寿保险合同两大类,没有细分不同险种的不同救济比例,线条相对较粗,不够科学,而不同类别保单性质、价值大不相同,应当提供的救济标准也应有所区别;三是根据现行规定,我国保险行业面临着保障基金规模与行业风险不匹配的状况,我国保险业仍处于发展之中,如果一开始就试图建立一个财力雄厚、能够对保单持有人提供充分保障的基金,会加重保险公司及投保人(通过转嫁)的负担,阻碍保险市场的发展;四是现行规定仅在《保险保障基金管理办法》中体现,如需修订则需改法,未预留可通过制定单独的保单救济实施规则满足多样化救济形式的空间。

第一节 数据测算情况

我们以2015年保险行业保单数据、理赔数据及保险保障基金余额作为基础,按照2015年保费规模由高到低将非寿险公司分为A~E五类、寿险公司分为 A～F 六类①（详见附件1、附件2），对现行救济范围与标准的救济覆盖率和救济成本进行测算，并与 2015 年末的非寿险保障基金余额和寿险保障基金余额进行了比较。

表 3–1　　　　　　　　　　五类非寿险公司列表

分组	2015 年原保险保费收入	非寿险公司数量	代表公司	平均保费
A 类公司	三大家	3	人保财、平安财、太保财	1797 亿元
B 类公司	100 亿元以上	6	国寿财、中华联合、大地保险、阳光财、太平财、天安财	285 亿元
C 类公司	50 亿～100 亿元	7	华安财、安邦财、华泰财……	71 亿元
D 类公司	10 亿～50 亿元	21	中银财、紫金财、都邦财……	26 亿元
E 类公司	10 亿元以下	33	富德财、中煤财、利宝财……	4 亿元

注：不包含出口信用保险、中石油专属保险和中铁自保。

表 3–2　　　　　　　　　　六类寿险公司列表

分组	2015 年规模保费	寿险公司数量	代表公司	平均保费
A 类公司	1000 亿元以上	7	国寿、平安寿、华夏寿、富德生命、泰康、新华、太保寿	1938 亿元
B 类公司	400 亿～1000 亿元	7	人保寿、安邦寿、前海寿……	712 亿元
C 类公司	200 亿～400 亿元	9	建信寿、天安寿、珠江寿……	272 亿元
D 类公司	100 亿～200 亿元	12	合众寿、中融寿、友邦、民生寿……	156 亿元
E 类公司	30 亿～100 亿元	20	中意寿、招商信诺、华泰寿……	56 亿元
F 类公司	30 亿元以下	20	昆仑健康、君龙寿、华汇寿……	10 亿元

---

① 寿险公司按照 2015 年规模保费排名分类。规模保费 = 原保险保费收入 + 保户储金与投资款新增交费 + 投连险独立账户新增交费。

第三章 现行救济范围与标准存在的问题

一、赔款覆盖率[①]和保单覆盖率[②]

表 3-3　　　　　　　现行救济范围与标准的覆盖率情况

	保险利益	赔款覆盖率	保单覆盖率
非寿险	交强险	97.32	98.40
	车险	97.55	98.76
	非车险	97.55	0
	投资型财产险	93.07	53.42
	未到期保费	99.99	
寿险	风险保额	不超过90%	0
	生存金		
	现金价值		
	万能账户价值		
	投连账户价值		

二、救济成本[③]

表 3-4　　　　现行寿险救济范围与标准的救济成本情况　　　单位：亿元

现行方案	各类非寿险公司救济成本				
	A 类	B 类	C 类	D 类	E 类
救济成本汇总	1765	460	289	24	5
非寿险保障基金余额 - 现行方案	-1312	-7	164	429	448

注：2015 年末非寿险保障基金余额 453 亿元。

---

① 赔款覆盖率 = 该方案下的救济金额／总赔款金额（或未到期保费、生存金、现金价值、账户价值）。
② 保单覆盖率 = 该方案下的被全额救济的保单数／总保单数。
③ 救济成本是由赔款覆盖率与该类公司的保费、风险保额、赔款、生存金、现金价值、账户价值余额的平均值相乘得到。

表 3-5　　　　现行寿险救济范围与标准的救济成本情况　　　　单位：亿元

现行方案	各类寿险公司救济成本					
	A 类	B 类	C 类	D 类	E 类	F 类
救济成本汇总	3661	1073	343	251	96	19
寿险保障基金余额-现行方案	-3371	-783	-53	39	194	271

注：2015 年末寿险保障基金余额 290 亿元。

第二节　现行救济范围与标准的特点

一、覆盖率不高

现行非寿险救济范围与标准对各类业务的赔款覆盖率不超过 98%，保单覆盖率不超过 99%（投资型财产险业务的保单覆盖率仅为 53.42%）。现行寿险救济范围与标准的赔款覆盖率不超过 90%，没有保单被全额救济，保单覆盖率为零。而《存款保险条例》规定的 50 万元最高偿付限额覆盖了全国 99.63% 的存款人的全部存款[①]，与之相比，我国现行保险保障基金救济范围与标准的救济覆盖率并不高。

二、救济成本偏高

由于现行救济范围与标准为全部险种按同一标准救济，且未设定救济上限，特别是在投资类业务（如投资型财产险、万能险、投连险）的保险利益大幅增加的情况下，保险保障基金救济成本较高。从救济成本测算结果看，救济非寿险 A 类公司、B 类公司所需成本均高于 2015 年非寿险保障基金余额，非寿险保障基金难以覆盖 A 类、B 类非寿险公司的救济成本；救济寿险 A 类、B 类、C 类公司成本均远高于 2015 年寿险保障基金余额，寿险保障基金难以覆盖 A 类、B 类、C 类寿险公司的救济成本。

---

① 《存款保险条例出台：最高偿付 50 万 覆盖 99.63% 存款人》，载《中国新闻网》，2015-03-31。

附 件

附件1：德国寿险公司风险费率计算示例

风险加权费率计算方式如下例所示：假设德国有20家寿险公司，分别是COM1至COM20，并假设此20家寿险公司净责任准备金（Net Reserve）和偿付能力充足率（Solvency Ratio）如表1所示。其计算各公司的计提金额，分为以下五个步骤：

表1　德国保险保障基金费率计提制度风险加权费率计算方式（一）

公司	偿付能力充足率	净责任准备金
COM1	60	500
COM2	70	300
COM3	80	200
COM4	90	400
COM5	100	900
COM6	110	150
COM7	120	50
COM8	130	250
COM9	140	150
COM10	150	450
COM11	160	600
COM12	170	800
COM13	180	650
COM14	190	300
COM15	200	200
COM16	210	1500
COM17	220	50
COM18	230	500
COM19	240	1000
COM20	250	600
Sum		9550

步骤一：各寿险公司依据偿付能力充足率由小到大进行排序，并列上各自的净责任准备金。

依照偿付能力充足率对寿险公司进行排序（自小到大），并列上各自的净责任准备金。

步骤二：寿险公司分组。

（1）寿险业之总净责任准备金（Total Net Reserves）为9550，9550的20%是1910。

（2）低风险寿险公司，累积的净责任准备金须起码达到1910（换句话说，就是至少要超过20%的总净责任准备金），此低风险的公司是COM18至COM20，累积的净责任准备金是2100。

（3）高风险寿险公司，累积的净责任准备金须起码达到1910，因此高风险的公司是COM1至COM5，累积的净责任准备金是2300。

（4）中风险寿险公司，剩下的COM6至COM17归为此类。

表2　德国保险保障基金费率计提制度风险加权费率计算方式（二）

公司	偿付能力充足率	净责任准备金	高风险公司累积净准备金	低风险公司累积净准备金	
COM1	60	500	500		高风险
COM2	70	300	800		
COM3	80	200	1000		
COM4	90	400	1400		
COM5	100	900	2300		
COM6	110	150			中风险
COM7	120	50			
COM8	130	250			
COM9	140	150			
COM10	150	450			
COM11	160	600			
COM12	170	800			
COM13	180	650			
COM14	190	300			
COM15	200	200			
COM16	210	1500			
COM17	220	50			
COM18	230	500		2100	低风险
COM19	240	1000		1600	
COM20	250	600		600	
Sum		9550			

三、难以体现公平性

现行救济标准仅对寿险业务转让做了规定，且非寿险和寿险均不区分险种、不划分保险责任，这样的救济方式难以体现救济的公平性，难以有力保障弱势群体的利益，容易导致道德风险。虽然寿险业务通常都以保险合同整体转移的方式确保保单的持续性，最大限度地保护保单持有人利益，但各国①（地区）仍然发布了针对单一保单或保单持有人的具体的救济范围与标准，一方面避免保单持有人在业务转移期间或业务难以转移的情况下产生的赔付难以得到有效救济；另一方面也可引导消费者谨慎选择保险公司及产品，防止自身利益受损。

第三节　几点思考

根据国际保险监督官协会（IAIS）2013 年 10 月发布的《关于保单持有人保障计划的研究报告》（*Issues Paper on Policyholder Protection Schemes*）中对救济范围与标准设计的考虑因素，并结合我国保险业实际情况，救济范围与标准应当关注以下问题：

1. 对强制保险的补偿程度；
2. 对自然人保单持有人的保护程度；
3. 如何尽可能减少道德风险（逆选择风险）；
4. 如何促进保险市场健康发展；
5. 公众、监管部门对总体救济程度的预期；
6. 救济范围与标准是否简单明了，能否让公众和保单持有人对方案快速了解；
7. 基金救济范围和基金筹集范围的关系。

基于上述研究，我们认为有必要对保险保障基金现行救济范围与标准进行修订和完善，使其更加适应保险行业发展现状和未来趋势，更能体现

---

① 如美国、加拿大、英国、法国、日本、中国台湾等。

保险保障基金制度的公平有效。具体有以下几点思考：

1. 是否需要针对不同险种、不同责任设计不同的救济标准？如提高对强制险、保障民生和社会稳定险种的覆盖。

2. 是否需要降低部分险种或责任的救济水平？如降低某些非保障类风险（如投资风险等）以及为其他行业承担风险的产品、责任、保单类型的救济覆盖，甚至将其排除在救济范围之外。

3. 是否需要制定寿险针对单一保单或保单持有人的救济范围与标准，而非仅规定业务转让标准？

4. 是否有助于增强保险行业的信心？如在消费者的预期救济水平与保险保障基金能够提供的救济水平之间求得平衡，在保险业的救济水平与其他金融产品救济水平之间求得平衡。

5. 是否考虑衡量保险公司与保单持有人的破产损失分担？如设定救济上限，更好引导消费者谨慎选择保险产品，避免买卖双方的道德风险。

第四章
我国保险保障基金救济范围与标准模型搭建

第一节 数据测算逻辑

一、财产险救济标准测算逻辑

(一) 救济比例测算逻辑

救济比例的测算主要有三步：第一步，影响因素分析。分析影响救济比例设定的各类因素，例如社会性、法人投保比例和是否具有投资性等。

| 影响因素 | 数据测算和险种分类 | 设定救济比例 |

险种	社会性	法人投保比例高	投资性
企财险		√	
家财险	√		√
车险	√	√	
交强险	√		
责任险	√	√	
工程险		√	
货物运输险		√	
船舶险		√	
信用险		√	
保证险		√	
特殊风险保险		√	
农险	√		
短健险			
短意险			√

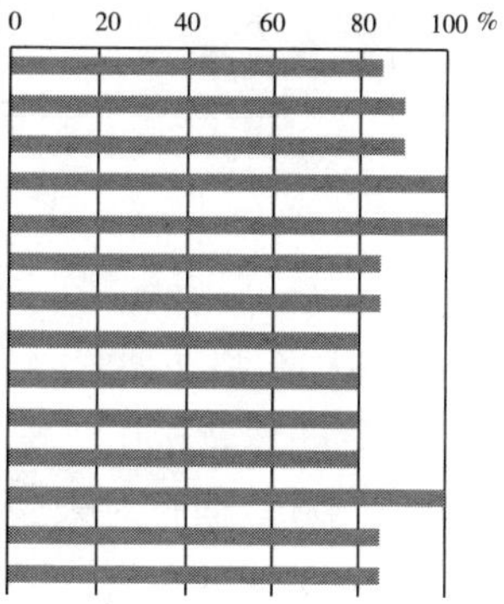

影响因素：社会性、法人投保比例、投资性……

图 4-1 财产险救济比例测算逻辑图

社会性险种具有保障民生的功能，因此这些险种的补偿比例一般都高于其他险种；法人机构比个人具有更大的逆选择风险和风险承受能力，对法人机构保单持有人占比更高的险种设置较低的救济比例；部分家财险和意外险具有投资功能，其他国家和地区对这类投资性的财产险种一般不进行救济。第二步，数据测算和险种分类。通过分析保单数据，对我国非寿险各个险种按照影响因素的组合进行分类。第三步，设定救济比例。给不同分类的险种设定不同的救济比例。

（二）救济限额测算逻辑

救济限额测算需要采集分险种的逐单保额、赔付额数据，通过分析保额及赔付额分布，包括分省市的赔付额分布情况，得出覆盖程度最高的救济限额。以车险为例，先要对每个省市的车险保额、赔付金额分布进行估计，再对每个省市计算选择不同的救济限额，以及对保额、赔付额的覆盖比例，得到各省市救济限额的区间，然后参考不同省市的救济限额，选定全国的车险救济限额，最后根据模型输出的覆盖率和收支平衡情况对选定的救济限额进行检验。

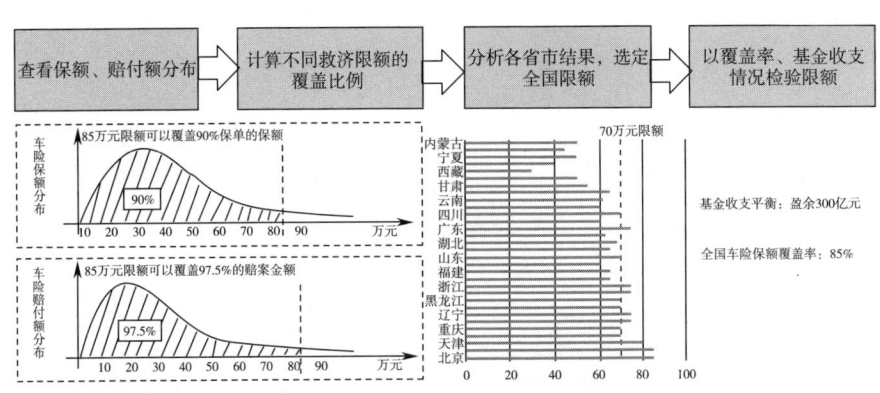

图4-2 财产险救济限额测算逻辑图

（三）未到期保费测算逻辑

未到期保费采用"免赔—比例—上限"模型：一是免赔额（或最低受理额）测算。通过对未到期保费分布的分析，测算不同免赔额（或最低受理额）对无法获得救济的保单数量占比、对因免赔额而减少的救济金额总量占比。二是救济比例测算。建模分析险种退保率和救助比例之间的关系

（正比或反比），测算不同救济比例对救济金额的影响。三是救济限额测算。通过对未到期保费分布的分析，测算不同救济上限对无法获得足额救济的保单数量占比、对因限额而减少的救济金额总量占比。

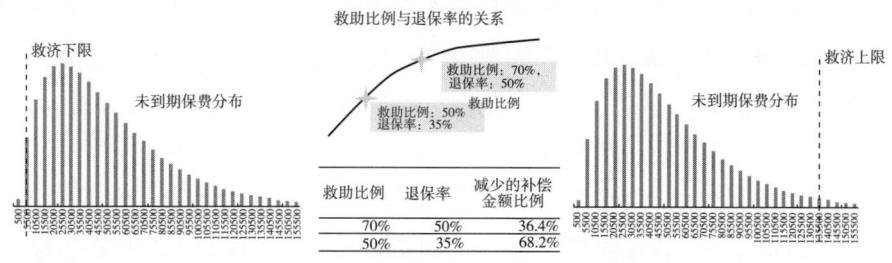

图4-3 财产险未到期保费测算逻辑图

二、寿险救济标准测算逻辑

（一）救济比例测算逻辑

救济比例的测算主要根据责任的保障属性、责任的规模及总体覆盖率目标，对不同责任设置不同比例。具体步骤是：第一步为设定主要考虑因素。选定责任保障属性、责任相对规模、总体覆盖率目标等因素。不同的给付条件（身故、疾病、残疾、生存、满期等）的保障属性不同，对保障性质较强的责任给予较高的救济比例。责任相对规模越大，救济比例的调整对总体覆盖率及保险保障基金的救济成本影响越大。总体覆盖率目标为

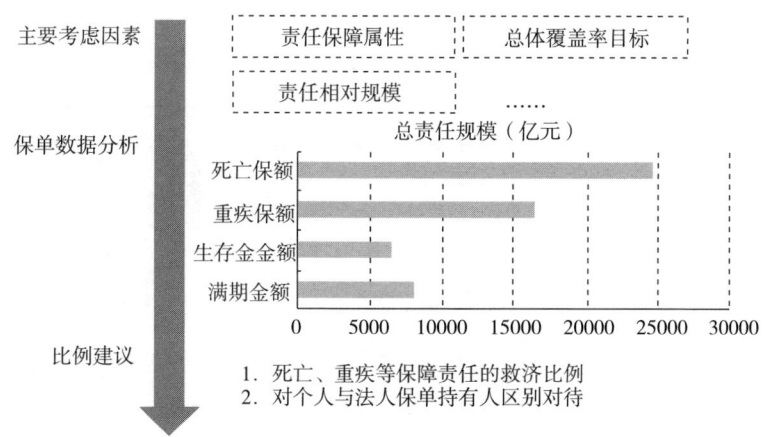

图4-4 寿险救济比例测算逻辑图

保险保障基金预期的覆盖率期望值，可视具体数据分析结果进行适当调整。第二步为保单数据分析。采集身故（残疾）保额、疾病保额、生存金保额、满期保额的总责任规模数据、保单数据，对各类责任的保额救济比例进行分别设定调整，分析个人与法人机构保单持有人占比情况。第三步为形成救济比例建议。测算不同覆盖率目标下的各类型保额救济比例，结合对个人与法人保单持有人救济比例实行差异化，最终选定最佳方案。

（二）救济限额测算逻辑

救济限额测算以各保障责任类型实际保额分布情况为基础，结合总体覆盖率目标制定。将各保障责任类型实际保额分为10个保额段，查看各保额段的保单数量分布，选定覆盖率合理的各保障责任保额点作为救济限额。

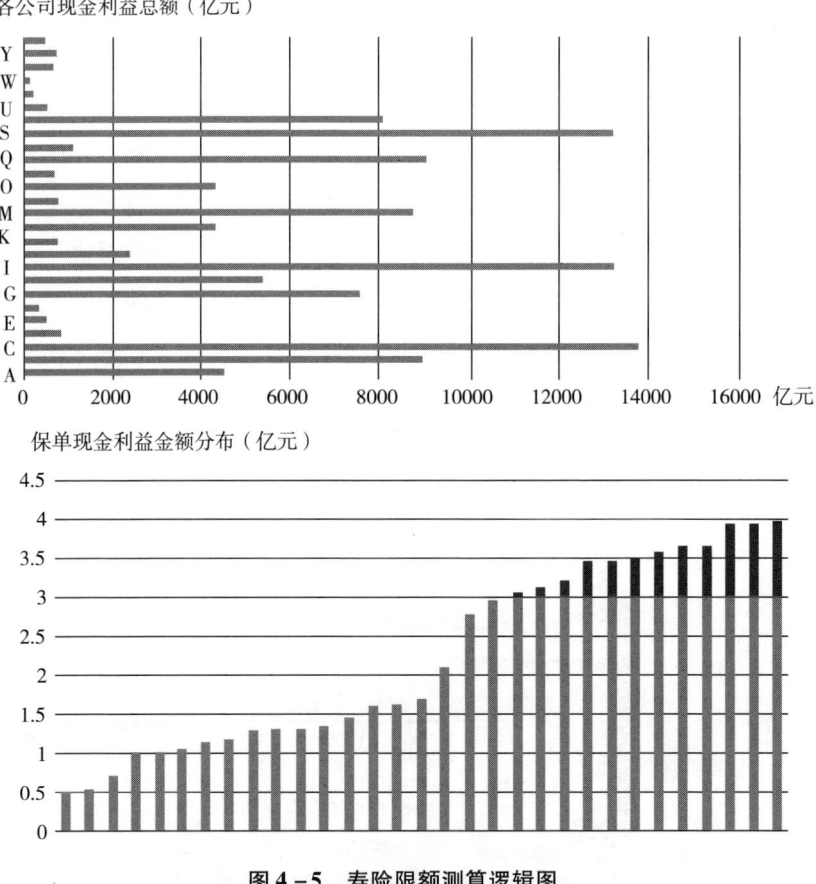

图4-5 寿险限额测算逻辑图

第四章 我国保险保障基金救济范围与标准模型搭建

（三）退保救济测算逻辑

退保的救济对象主要是客户留存于保险公司的现金利益，包括现金价值、账户价值、红利及生存金等的累计生息。测算主要采集保险公司的上述所有现金利益的总额及保单现金利益额度分布，同样结合总体覆盖率目标，按照"比例—上限"形式进行相应救济比例和救济限额的测算。

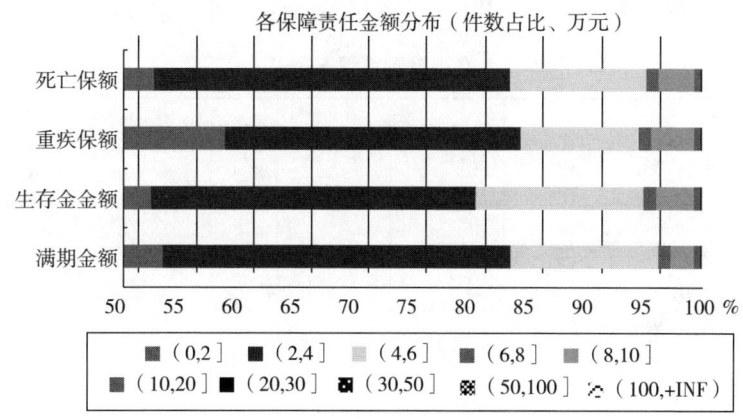

图 4-6　寿险退保救济测算逻辑图

第二节　数据测算

我们借鉴国际通行做法，按照"四个保障"的基本原则，分险种、分保险责任对行业非寿险、寿险的基础保单数据进行测算，并与现行方案进行比较分析。

我们采集中国保信公司的车险平台、保单登记平台中的基础保单数据，得到交强险、商业车险的保额和赔付额分布，投资型财产险现金价值的分布，以及寿险风险保额、生存金、现金价值、万能险账户价值分布，并按照强制险100%救济、保障类产品覆盖率高、投资类产品救济程度低、救济成本适度的原则进行考量，测算救济比例和救济上限是否合理①。

---

① 所采集的产寿险数据中均未包含团体业务，因此在对现行方案进行覆盖率及救济成本测算时，均按照90%救济比例测算。

一、车险测算[①]

(一) 交强险测算

经过数据测算,交强险作为强制险,若采取 100% 全额救济方案,其赔款的救济成本与现行方案差异不大,未到期保费救济成本相同,全额救济的成本增加不显著。因此我们建议对交强险进行全额救济。

表 4-1　　　　　　　　交强险测算情况表

方案类型	方案内容	赔偿覆盖率	保单覆盖率	各类公司最高救济成本预测(亿元)				
				A类	B类	C类	D类	E类
现行方案	5万元以下部分全额救济,5万元以上部分:个人持有救济90%,公司持有救济80%	97.3%	98.4%	179	34	9	3	0
			未到期保费覆盖率:100%	144	26	7	3	0
推荐方案	100% 救济,无上限		100%	184	35	9	3	0
			未到期保费覆盖率:100%	144	26	7	3	0
推荐方案 - 现行方案				5	1	0	0	0

(二) 商业车险测算

从图 4-7 可以看出,绝大部分的商业车险保单三者险保额在 100 万元以下,占保单总量的 99.63%;绝大部分保单的车损险保额也在 100 万元以下,占保单总量的 99.49%。

商业车险赔案主要集中在 0~10 万元赔案金额区间内。绝大部分理赔额度都在 50 万元以下,占总赔款金额的 99.98%。

经过数据测算,商业车险赔款救济若设定救济上限,且将上限设为 100 万元/单,则赔款覆盖率和保单覆盖率均较现行方案有较大提升,同时

[①] 我们在中国保信的车险平台提取了 2015 年生效保单的全量数据,以及随机提取了 2013—2015 年赔案数据的 30%,作为此次车险测算的样本数据。

救济成本增加不多，A 类公司救济成本仅提高了 11 亿元。

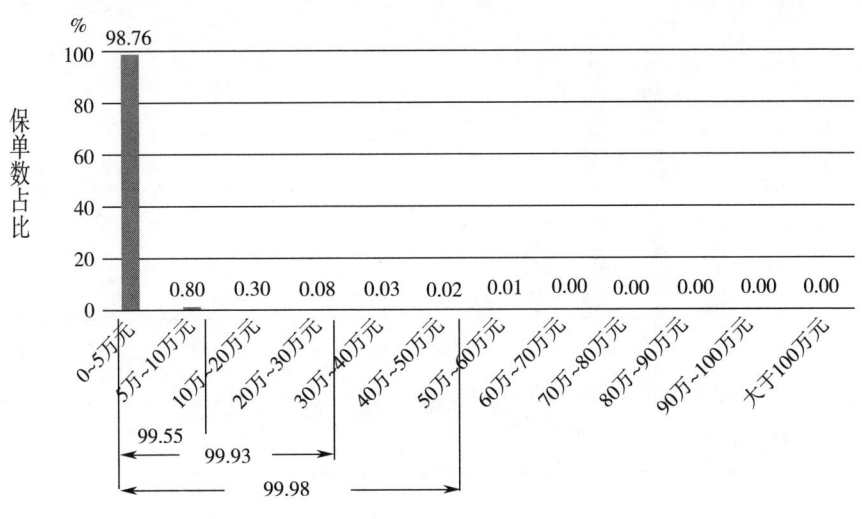

图 4-7　商业车险赔款分布

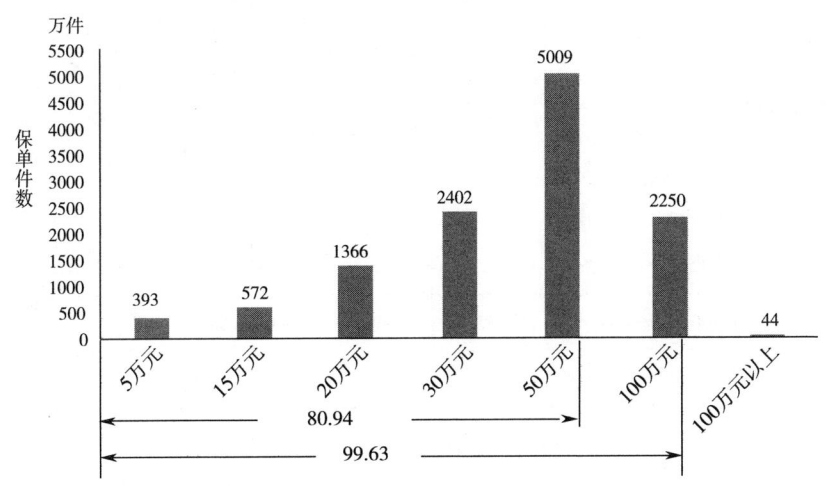

图 4-8　全国商业三者险保额分布情况

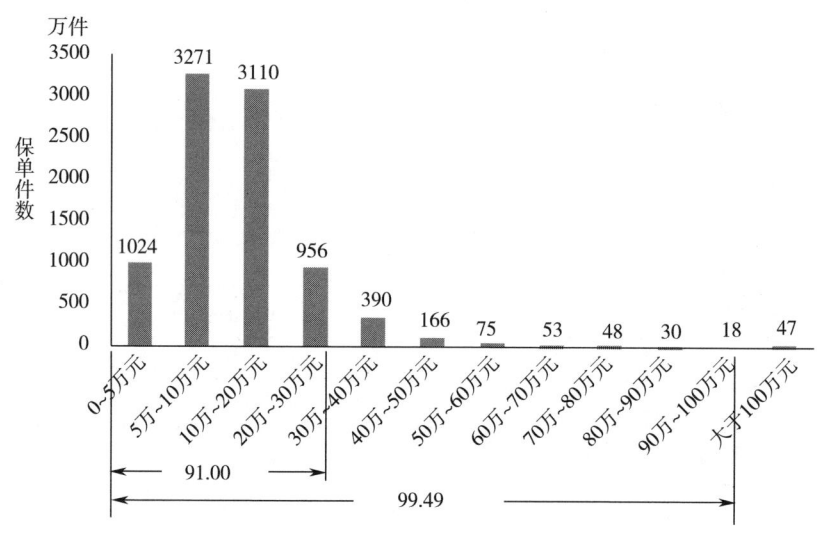

图4-9 全国车损险保额分布情况

表4-2 现行方案与推荐方案商业车险赔款情况比较

方案类型	方案内容	赔款覆盖率	保单覆盖率	各类公司最高救济成本预测（亿元）				
				A类	B类	C类	D类	E类
现行方案	5万元以下全额救济，5万元以上部分：个人持有救济90%，公司持有救济80%	97.55%	98.76%	487	65	18	4	1
推荐方案	上限100万元/单	99.75↑	99.99%↑	498	66	18	4	1
推荐方案-现行方案				11	1	0	0	0

商业车险未到期保费的分布相较于赔款更加平均，0~50元的保单占比最多，超过总保单数的四分之一。5000元以下的保单，占总保单数的97.38%。

未到期保费在现行方案下救济覆盖率接近100%，若采用全额救济，则成本与现行方案下的成本几乎相等。

第四章 我国保险保障基金救济范围与标准模型搭建

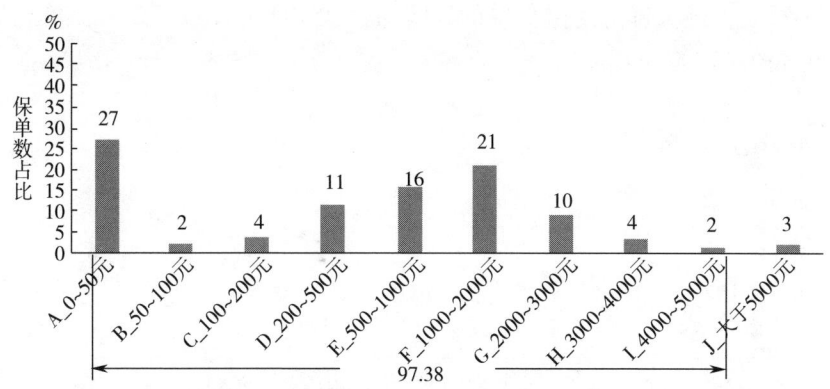

图 4-10 商业车险未到期保费分布

表 4-3 现行方案与推荐方案未到期保费情况比较

方案类型	方案内容	救济覆盖率	各类公司最高救济成本预测（亿元）				
			A 类	B 类	C 类	D 类	E 类
现行方案	5 万元以下部分全额救济，5 万元以上部分：个人持有救济 90%，公司持有救济 80%	99.99%	471	68	17	5	1
推荐方案	100% 救济，无上限	100%↑	471	68	17	5	1
推荐方案 - 现行方案			0	0	0	0	0

注：（1）救济覆盖率和救济成本均假设财险公司停止业务后即刻破产。

（2）成本预测使用选取公司 2015 年全年商业车险保费预测值进行测算，并假设公司破产时，未到期保费为全年保费收入的 50%。

二、寿险风险保额、生存金测算[①]

（一）风险保额测算

风险保额指保单涵盖的身故、残疾、重疾等责任的赔付金额。由图

[①] 我们在中国保信的"保单登记平台"随机提取了至 2015 年 12 月 31 日 24 时全行业（不含中国人寿）全部有效保单数量的 10%，作为此次寿险数据测算样本。因保单登记平台中不含团险业务，也不含一年期以内及一年期的短期健康险业务数据，故本次数据测算不含这两部分业务。在提取的保单数据基础上，根据被保人客户号将同一被保人在同一公司下的保单进行汇总，得到该被保人合计风险保额、合计生存金年领取额。

4-11可见,绝大部分寿险保单的风险保额在200万元以下,占保单总量的99.50%。

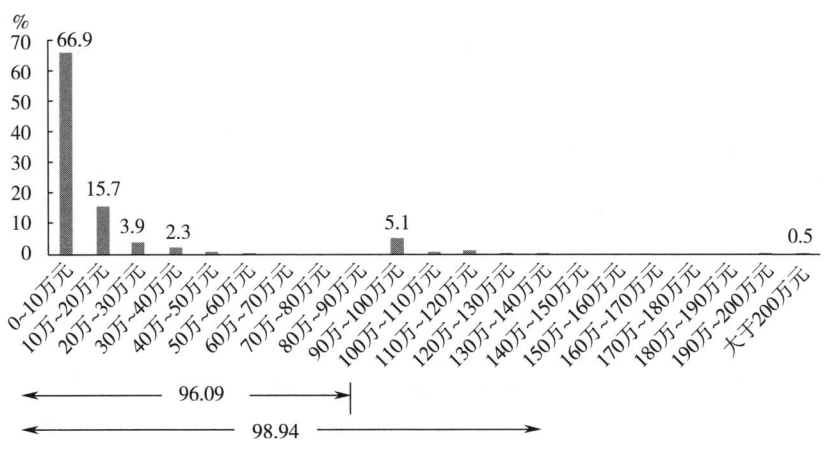

图4-11 风险保额分布情况

经测算,推荐方案的赔款覆盖率较现行方案提升了9.76个百分点,保单覆盖率由0增加至99.50%。救济成本与现行方案差异较小,A类公司相差34亿元,B类公司相差9亿元,C类及以下公司相差幅度不到3亿元。

表4-4　　　　现行方案与推荐方案风险保额情况比较

方案类型	方案内容	赔款覆盖率	保单覆盖率	各类公司最高救济成本预测(亿元)					
				A类	B类	C类	D类	E类	F类
现行方案	个人持有救济不超过90%,公司持有救济不超过80%	90%	0	309	80	9	18	7	1
推荐方案	200万元/人以下全额救济,200万元/人以上救济90%	99.76↑	99.50%↑	343	89	10	20	7	1
推荐方案-现行方案				34	9	1	2	0	0

注:成本预测使用各类公司2015年实际理赔费用(包括赔款支出、死伤医疗给付、满期给付)的平均值进行计算。

第四章 我国保险保障基金救济范围与标准模型搭建

（二）生存金（含生存金累积生息）测算

生存金包含生存金年领取额及生存金累积生息部分。生存金分布主要集中在 0~5000 元/年的区间，生存金在 5 万元/年以下的保单数量占比为 99.24%。

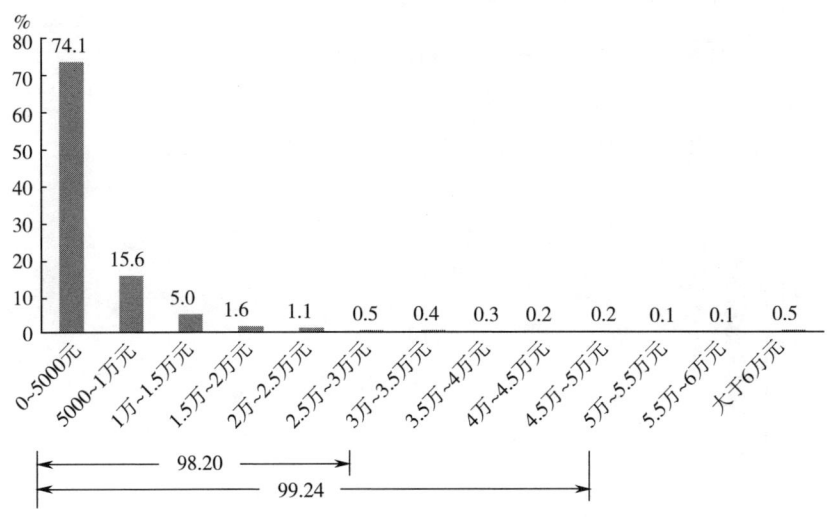

图 4-12 生存金分布情况

经测算，生存金的推荐救济方案与现行方案的救济成本差异较小，A 类公司成本最高方案与最低方案仅相差 8.35 亿元，F 类公司仅相差 300 万元，提高生存金救济标准对救济成本变动影响不大。

表 4-5 现行方案与推荐方案生存金成本比较

方案类型	方案内容	赔款覆盖率	保单覆盖率	各类公司最高救济成本预测（亿元）					
				A 类	B 类	C 类	D 类	E 类	F 类
现行方案	个人持有救济不超过 90%，公司持有救济不超过 80%	90%	0	44	6	1	2	1	0
推荐方案	5 万元/年/人以下全额救济，5 万元/年/人以上救济 90%	99.15↑	99.24↑	48	7	1	2	1	0
推荐方案-现行方案				4	1	0	0	0	0

注：成本预测使用各类公司 2015 年生存金支付金额的平均值进行计算。

三、现金利益测算[①]

现金利益包括寿险现金价值、万能险账户价值、投资型财产险现金价值、投连险独立账户价值四个部分内容。

（一）寿险现金价值（含红利累积生息）测算[②]

从图 4-13 可见，现金价值在 30 万元以下的保单数量占比为 99.05%；现金价值在 50 万元以下的保单数量占比为 99.52%。

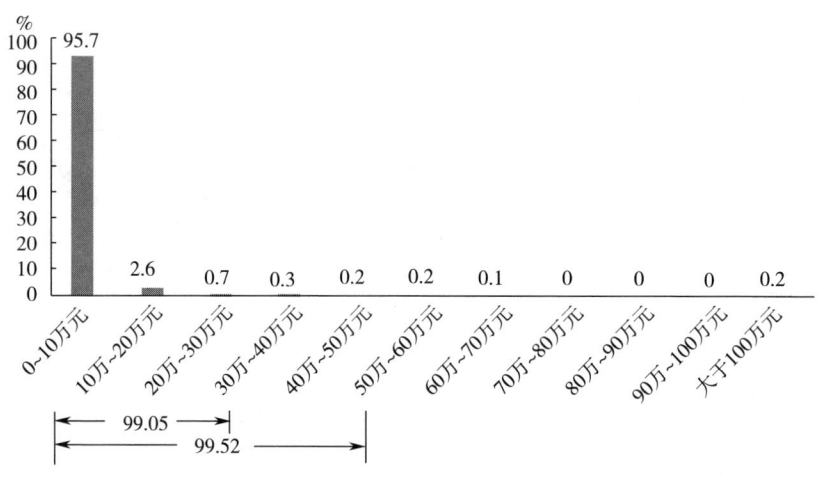

图 4-13 现金价值分布情况

通过测算，推荐方案的赔款覆盖率较现行方案有所下降（下降了 1.53 个百分点），保单覆盖率大幅提升，由 0 上升到 99.52%。推荐方案对各类型公司的救济成本较现行方案均有所下降，A 类公司下降了 33 亿元，B 类公司下降了 11 亿元。

[①] 在提取的保单数据基础上，根据被保人客户号将同一被保人在同一公司下的保单进行汇总，得到该被保人合计现金价值、合计账户价值。

[②] 测算现金价值分布时，将万能险产品与投连险产品排除，并将现金价值与红利累积生息合并计算。

第四章 我国保险保障基金救济范围与标准模型搭建

表4–6　　　现行方案与推荐方案寿险现金价值情况比较

方案类型	方案内容	赔款覆盖率	保单覆盖率	各类公司最高救济成本预测（亿元）					
				A类	B类	C类	D类	E类	F类
现行方案	个人持有救济不超过90%，公司持有救济不超过80%	90.00%	0	1951	669	173	144	48	8
推荐方案	上限50万元/人	88.47↓	99.52%↑	1918	657	170	142	47	8
	推荐方案－现行方案			－33	－11	－3	－2	－1	0

注：成本预测时已根据本次数据提取中未包含的寿险团体业务进行了调整。调整方法为，现金价值总额＝2015年寿险收入/2015年寿险收入中个人业务保费收入×样本现金价值合计/10%。

（二）万能险账户价值测算①

从万能险账户价值分布来看，30万元以下的保单数量占保单总量的比例为97.14%；账户价值在100万元以下的保单最多，占保单总量的99.15%。

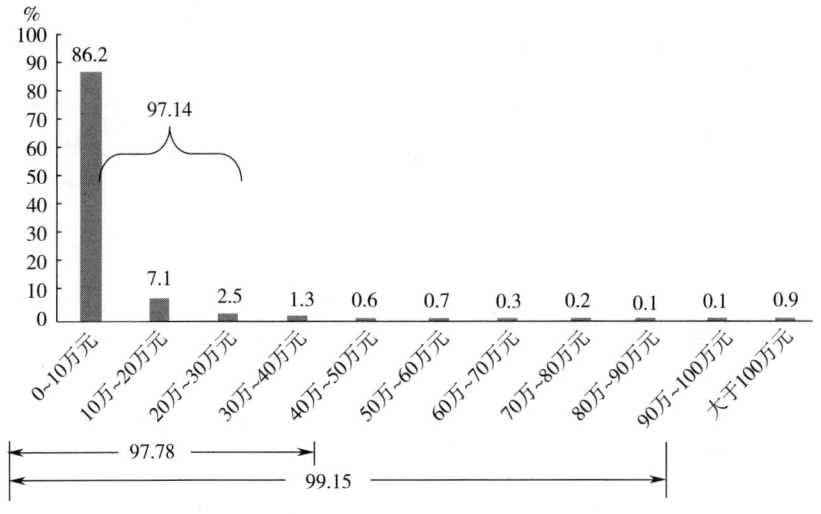

图4–14　账户价值分布情况

---

① 账户价值测算不包含投连险、变额年金险独立账户价值部分，仅对万能险账户价值进行测算。

经测算,推荐方案赔款覆盖率下降了 22.39 个百分点,但保单覆盖率提升到 95.89%。救济成本较现行方案均明显下降,其中 A 类公司救济成本减少 316 亿元,B 类公司减少 78 亿元,C 类公司减少 28 亿元。

表 4-7　　　　现行方案与推荐方案万能险账户价值情况比较

方案类型	方案内容	赔款覆盖率	保单覆盖率	各类公司最高救济成本预测(亿元)					
				A类	B类	C类	D类	E类	F类
现行方案	个人持有救济不超过90%,公司持有救济不超过80%	90.00%	0	1270	313	113	78	36	9
推荐方案	上限30万元/人	67.61↓	95.89%↑	954	235	85	58	27	7
推荐方案-现行方案				-316	-78	-28	-19	-9	-2

注:成本预测选取各类公司 2015 年末保户储金及投资款余额的平均值进行测算。

(三) 投资型财产险测算①

绝大多数客户的现金价值在 30 万元以下,占全部客户数量的 92.93%。现金价值 100 万元以下的客户人数占总客户人数的 99.01%(见图 4-15)。

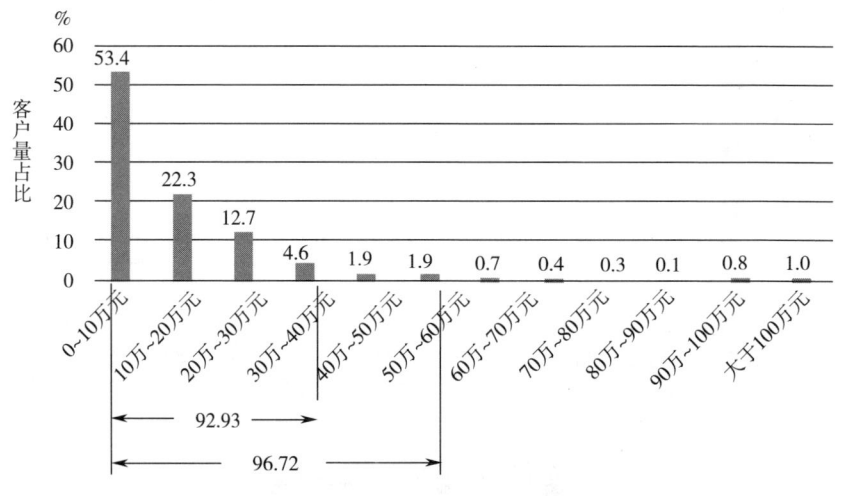

图 4-15　投资型财险现金价值分布

---

① 从保单登记平台中提取 2015 年末有效保单的 10%,再剔除无效数据,最终使用的样本数据为总体的 7.26%。

第四章 我国保险保障基金救济范围与标准模型搭建

投资型财产险的主要功能为投资,保险到期后投保人可获得投资本金和收益,收益率通常较同期银行定期存款利率上浮 0.5~0.8 个百分点。目前保费收入主要集中在安邦、天安两家公司(市场份额 99%)。① 经测算,现行救济方案下的救济成本较高,且保单覆盖率偏低。推荐方案的赔款覆盖率下降了 23.09 个百分点,但保单覆盖率提高了 39.51 个百分点。推荐方案的安邦的救济成本较现行方案减少了 383 亿元,天安的救济成本减少了 293 亿元。

表 4-8　现行方案与推荐方案投资型财产险测算情况比较

方案类型	方案内容	赔款覆盖率	保单覆盖率	各类公司最高救济成本预测(亿元)				
				安邦	天安	人保	平安	华泰
现行方案	5 万元以下全额救济,5 万元以上部分:个人持有救济 90%,公司持有救济 80%	93.07%	53.42%	1543	1179	21	1	0
推荐方案	上限 30 万元/人	69.98%↓	92.93%↑	1160	887	16	1	0
推荐方案 - 现行方案				-383	-293	-5	0	0

注:成本预测选取各类公司 2015 年末保户储金及投资款余额的平均值进行测算。

(四)投连险独立账户价值测算

2015 年末寿险行业独立账户负债余额为 1416 亿元,按现行方案救济,赔款覆盖率为 90%,行业总救济成本为 1274 亿元。假如不救济独立账户价值部分,则部分寿险公司救济成本将显著下降,如平安人寿救济成本将减少 485 亿元,光大永明人寿救济成本将减少 222 亿元。

表 4-9　现行方案与推荐方案投连险独立账户价值测算情况比较

公司名称	现行方案下救济成本(亿元)	公司名称	现行方案下救济成本(亿元)	公司名称	现行方案下救济成本(亿元)
平安人寿	485	中美联泰人大都会人寿	19	中宏人寿	3

---

① 救济成本测算选取安邦、天安、人保、平安、华泰为样本。

续表

公司名称	现行方案下救济成本（亿元）	公司名称	现行方案下救济成本（亿元）	公司名称	现行方案下救济成本（亿元）
光大永明人寿	222	招商信诺人寿	17	阳光人寿	3
弘康人寿	109	工银安盛人寿	16	新华人寿	3
泰康人寿	109	太平人寿	13	华泰人寿	2
信诚人寿	88	汇丰人寿	12	同方全球人寿	1
建信人寿	71	国华人寿	12	恒安标准人寿	1
友邦保险	21	中意人寿	11	合众人寿	1
瑞泰人寿	21	富德生命人寿	7		
中德安联人寿	20	中英人寿	4		

注：仅列举了救济成本超过1亿元的公司。

受条件所限，车险、投资型财产险以外的非寿险业务数据，以及寿险团体业务和短期健康险业务数据未予测算。但非车业务和投资型财产险以外的业务仅占财产险总收入的26.41%[①]，寿险团体业务和短期健康险业务占人身险总收入的3.97%[②]，业务占比较低。同时，财产险未涵盖的业务以企业财产险、农险、责任险为主，这三类业务主要集中在几家规模较大的公司，且有大量再保分出，风险相对可控；团体寿险的保障责任和保障额度与个人业务差异不大，短期健康险（以医疗险为主）的保障责任和额度也基本可被长期健康险覆盖。因此，我们认为，此次测算所得结果可基本反映保险保障基金对全行业的救济覆盖水平。

[①] 2015年财险行业保费收入8423.26亿元。其中车险保费收入6198.96亿元，非车险保费收入2224.30亿元。

[②] 2015年人身险原保险保费收入15859亿元。其中团体寿险业务收入71.09亿元，短期健康险业务收入557.81亿元。

第五章
几种测试结果的比较分析

第一节 财产险救济标准测试结果

车险保费规模占非寿险行业保费收入的73.59%,由于尚未采集到非车险相关数据,我们借鉴使用了商业车险的赔款保费分布,对非车险的救济成本进行了估算[①],以此来预估公司层面整体的救济成本。此外,未到期保费选取各类公司2015年全年原保险保费收入的50%的平均值进行测算(假设公司破产时,未到期业务占全年的一半)。

根据交强险、商业车险和投资型财产险的数据测算结果,我们挑选了三种救济方案进行公司整体救济成本比较分析。

一、精选方案1

表5-1　　　　方案1下公司整体救济成本测算情况表

精选方案1	比例(%)	限额(万元)	比例(%)	赔款覆盖率(%)	保单覆盖率(%)	各类公司救济成本(亿元)				
						A类	B类	C类	D类	E类
交强险	100	0	100	100		184.3	34.65	8.98	3.38	0.46
车险	100	100	90	99.97	100	499.5	66.15	18.31	4.49	1.32
非车险	100	100	90	99.97	—	196.4	23.35	6.6	3.93	1.66
投资型财产险	100	100	0	88.04	99.01	7.35	185.9	208.6	0	0

---

① 非车险救济成本=商业车险赔款覆盖率×2015年非车险赔款额。

续表

精选方案1	比例(%)	限额(万元)	比例(%)	赔款覆盖率(%)	保单覆盖率(%)	各类公司救济成本（亿元）				
						A类	B类	C类	D类	E类
未到期保费	100	0	100	100		898.5	142.4	35.35	12.76	1.87
救济成本汇总						1786	452	278	24.6	5.31
较现行方案救济成本变化						21.48	-7.5	-11.1	0.29	0.09

精选方案1：交强险和未到期保费全额救济且无上限；商业车险和其他财产险，100万元以下予以全额救济，100万元以上的部分救济90%；投资型财产险的最高救济限额为100万元。

在精选方案1下，各险种的保单覆盖率提升显著。交强险的覆盖率为100%；车险的保单覆盖率为100%，赔款覆盖率达到99.97%；投资型财产险的保单覆盖率较现行标准提高了46个百分点，赔款覆盖率小幅下降了5个百分点。

在该方案下，A、D、E类公司救济成本有所上升，其中A类公司救济成本上升了21亿元，B、C类公司救济成本有所下降，但与现行标准相差幅度不大。

二、精选方案2

表5-2　　　　方案2下公司整体救济成本测算情况表

精选方案2	比例(%)	限额(万元)	比例(%)	赔款覆盖率(%)	保单覆盖率(%)	各类公司救济成本（亿元）				
						A类	B类	C类	D类	E类
交强险	100	无	100	100		184	34.7	8.98	3.38	0.46
车险	100	100	0	99.75	100	498	66	18.3	4.48	1.32
非车险	100	100	0	99.75	—	196	23.3	6.59	3.92	1.66
投资型财产险	100	30	0	69.98	92.93	5.84	148	166	0	0
未到期保费	100	无	100	100		898	142	35.4	12.8	1.87
救济成本汇总						1783	414	235	24.5	5.30
较现行方案成本变化						18.4	-46	-54	0.27	0.08

第五章　几种测试结果的比较分析

精选方案2：交强险和未到期保费全额救济且无上限；商业车险和其他财产险，最高救济限额为100万元；投资型财产险的最高救济限额为30万元。

在精选方案2下，各险种的保单覆盖率提升显著；交强险100%全额救济；商车险、非车险、未到期保费的赔款覆盖率提升，救济程度提高；投资型财产险的赔款覆盖率下降，救济程度下降。

在该方案下，各类公司救济成本较现行方案变化不一。A、D、E类公司救济成本较现行方案有所上升，A类公司救济成本提高了18.4亿元，D、E类公司救济成本提高幅度较小。B、C类公司的救济成本较现行方案有所下降，B类公司下降45.84亿元，C类公司下降53.9亿元。

三、精选方案3

表5-3　　　方案3下公司整体救济成本测算情况表

精选方案3	比例（%）	限额（万元）	比例（%）	赔款覆盖率（%）	保单覆盖率（%）	各类公司救济成本（亿元）				
						A类	B类	C类	D类	E类
交强	100	0	100	100		184.32	34.65	8.98	3.38	0.46
车险	100	50	0	98.94	99.98	494.31	65.47	18.12	4.45	1.31
非车险	100	100	0	99.75	—	195.93	23.29	6.59	3.92	1.66
投资型财产险	80	50	0	65.55	0	5.47	138.43	155.29	0	0
未到期保费	100	0	100	100		898.48	142.38	35.35	12.76	1.87
救济成本汇总						1778.51	404.22	224.33	24.51	5.30
较现行方案救济成本变化						14.00	-55.73	-64.54	0.24	0.08

精选方案3：交强险和未到期保费全额救济且无上限；商业车险，最高救济限额为50万元；其他财产险，最高救济限额为100万元；投资型财产险的救济比例为80%，最高救济限额为50万元。

在精选方案3下，交强险、商业车险救济覆盖率大幅提升，非车险赔款覆

203

盖率达到99.75%。由于设定了救济比例，投资型财产险没有保单被全额覆盖率，保单覆盖率为零。同时设定最高救济限额，赔款覆盖率仅为65.55%。

在该方案下，A、D、E类公司救济成本较现行方案有所上升，但上升幅度较小，A类公司救济成本仅提高了14亿元；B、C类公司救济成本较现有方案下降较多，C类公司救济成本下降了64.54亿元，B类公司下降了55.73亿元。

第二节 寿险救济标准测试结果

本次在保单登记平台提取的数据，按2015年保费分布情况计算，涵盖了人身险行业96.03%的业务，未涵盖的部分为团险业务与短期健康险业务。在成本测算中，假设未涵盖业务的救济覆盖率与"风险保额"的赔款覆盖率相同，以此计算寿险公司总体救济成本。现行方案救济成本包含人身险独立账户负债部分[①]。

根据对风险保额、生存金（含生存金累积生息）、现金价值（含红利累积生息）、万能险账户价值的数据测算结果，我们挑选了三种救济方案进行公司整体救济成本比较分析。

一、精选方案1

表5-4　　　　方案1下公司整体救济成本测算表

精选方案1	比例（%）	限额（万元）	比例（%）	赔款覆盖率（%）	保单覆盖率（%）	各类公司救济成本（亿元）					
						A类	B类	C类	D类	E类	F类
风险保额（包括身故、残疾、疾病、医疗给付、满期给付）	100	200	90	99.76	99.50	343	89.2	9.88	20.2	7.28	1.14

① 人身险独立账户负债救济成本 = 各类公司独立账户负债余额平均值 × 90%。

续表

精选方案1	比例(%)	限额(万元)	比例(%)	赔款覆盖率(%)	保单覆盖率(%)	各类公司救济成本（亿元）					
						A类	B类	C类	D类	E类	F类
生存金（含生存金累积生息）	100	5	90	99.15	99.24	48.37	6.88	0.87	1.98	1.33	0.14
现金价值（含红利累积生息）	100	50	0	88.47	99.52	1918	657	170	142	46.8	7.84
账户价值（不含投连险、变额年金险独立账户）	100	100	0	87.68	99.15	1237	305.4	110.4	75.66	34.6	9.12
救济成本汇总						3546	1059	291	239	90	18.24
较现行方案救济成本变化						-28.3	-10.1	-4.82	-2.31	-0.91	-0.26

精选方案1：身故、残疾、疾病、医疗给付、满期给付，200万元以下予以全额救济，200万元以上的部分救济90%；生存金（含生存金累积生息），5万元以下予以全额救济，5万元以上的部分救济90%；现金价值（含红利累积生息），最高救济限额为50万元；账户价值（不含投连险、变额年金险独立账户），最高救济限额为100万元。

在精选方案1下，保单覆盖率均大幅提高到超过99%，最高达99.52%；风险保额和生存金的赔款覆盖率提高到超过99%，最高达99.76%；现金价值和账户价值的赔款覆盖率较现行方案小幅下降。

在该方案下，六类公司的整体救济成本较现行方案均有所下降，但下降幅度不大，A类公司救济成本仅减少28.3亿元，B类公司仅减少10.1亿元。保险保障基金仍难以覆盖A、B类公司救济成本，C类公司救济成本可以勉强覆盖。

二、精选方案2

表5-5　　　　　方案2下公司整体救济成本测算情况表

精选方案2	比例（%）	限额（万元）	比例（%）	赔款覆盖率（%）	保单覆盖率（%）	各类公司救济成本（亿元）					
						A类	B类	C类	D类	E类	F类
风险保额（包括身故、残疾、疾病、医疗给付、满期给付）	100	200	90	99.76	99.50	342.92	89.20	9.88	20.19	7.28	1.14
生存金（含生存金累积生息）	100	5	90	99.15	99.24	48.37	6.88	0.87	1.98	1.33	0.14
现金价值（含红利累积生息）	100	50	0	88.47	99.52	1917.61	657.40	170.20	141.62	46.79	7.84
账户价值（不含投连险、变额年金险独立账户）	100	30	0	67.61	95.89	953.96	235.46	85.13	58.34	26.68	7.04
救济成本汇总						3262.86	988.9	266.08	222.13	82.1	16.16
较现行方案成本变化						-311.49	-80	-30.1	-19.63	-8.8	-2.34

精选方案2：身故、残疾、疾病、医疗给付、满期给付，200万元以下予以全额救济，200万元以上的部分救济90%；生存金（含生存金累积生息），5万元以下予以全额救济，5万元以上的部分救济90%；现金价值（含红利累积生息），最高救济限额为50万元；账户价值（不含投连险、变额年金险独立账户），最高救济限额为30万元。

在精选方案2下，风险保额、生存金的赔款覆盖率、保单覆盖率提高

第五章 几种测试结果的比较分析

显著,救济程度比现行方案高;现金价值的保单覆盖率提升,赔款覆盖率略有下降;账户价值的保单覆盖率提升,但赔款覆盖率下降明显,救济程度下降;投连险、变额年金险独立账户价值不予救济。

在该方案下,六类公司整体救济成本较现行方案均有所下降。A 类公司下降 397.79 亿元,B 类公司下降 84.09 亿元,每类公司救济成本平均下降 13.91%。其中,现金价值每类公司平均下降 1.71%,账户价值的救济成本下降最为明显,每类公司账户价值救济成本平均下降 24.86%。

三、精选方案 3

表 5-6   方案 3 下公司整体救济成本测算情况表

精选方案3	比例(%)	限额(万元)	比例(%)	赔款覆盖率(%)	保单覆盖率(%)	各类公司救济成本(亿元)					
						A类	B类	C类	D类	E类	F类
风险保额(包括身故、残疾、疾病、医疗给付、满期给付)	100	200	90	99.76	99.50	342.92	89.2	9.88	20.19	7.28	1.14
生存金(含生存金累积生息)	100	5	90	99.15	99.24	48.37	6.88	0.87	1.98	1.33	0.14
现金价值(含红利累积生息)	90	50	0	80.61	0	1747.2	598.97	155.08	129.03	42.64	7.14
账户价值(不含投连险、变额年金险独立账户)	80	50	0	64.62	0	911.72	225.03	81.36	55.76	25.5	6.72
救济成本汇总						3050	920.1	247.19	206.96	76.8	15.14
较现行方案救济成本变化						-524.2	-148.9	-48.99	-34.8	-14.2	-3.36

207

精选方案3：身故、残疾、疾病、医疗给付、满期给付，200万元以下予以全额救济，200万元以上的部分救济90%；生存金（含生存金累积生息），5万元以下予以全额救济，5万元以上的部分救济90%；现金价值（含红利累积生息），救济比例为90%，最高救济限额为50万元；账户价值（不含投连险、变额年金险独立账户），救济比例为80%，最高救济限额为50万元。

在精选方案3下，风险保额、生存金的赔款覆盖率、保单覆盖率提高显著，救济程度比现行方案高；现金价值、账户价值的保单覆盖率为零，没有任何保单的这两个部分责任是被全额覆盖的；现金价值的赔款覆盖率较现行方案下降了9.39个百分点；账户价值的赔款覆盖率较现行方案下降较多，下降了25.38个百分点。

在该方案下，所有类别公司的救济成本都明显下降，其中A类公司救济成本减少了524.2亿元，B类公司减少了148.9亿元，C类公司减少了近49亿元，寿险保障基金余额能够覆盖C类以下所有公司的救济成本。

第六章
结　　论

经过国际研究和数据测算，以及精选方案与现行方案的比较分析，我们对修订和完善救济范围与标准有如下建议。

第一节　关于救济范围

一、信用险、保证险是否排除的问题

我国现行保险保障基金的救济范围，将再保险业务、境外直接业务及政府管理或担保的财产险业务均排除在外，与境外主要国家和地区基本一致，但某些以债权、债务关系中信用为标的的险种（如信用保险、保证保险）未排除在外，与美国、加拿大、英国等国家有较大差异（英国排除了信用险，但未排除保证险）。日本、新加坡亦未排除信用保险、保证保险，但日本只救济自然人和中小微企业，新加坡只救济拥有本国国籍和永久居留权的自然人，因此对这类险种的救济从另一角度进行了一定限制。与保险业发达的成熟国家和地区相比，我国保险业处于初级发展阶段，保险深度和密度较成熟市场存在较大差距，对信用保险、保证保险这类风险虽较高，但利于保险公司扩大业务范围、提高保费规模、增强客户粘度的险种，不应简单地完全排除在保险保障基金救济范围之外。我国可借鉴台湾地区的做法，救济范围包括信用保险、保证保险这类险种，但通过救济标准的设定，将这类险种的救济额度适当调低，以达到降低保险保障基金救济透支的风险，并引导保险公司健康发展的目的。

二、大型企业保单持有人是否排除的问题

英国、日本均只救济中小微企业,排除了大型企业。英国的具体规定是"年营业额低于 100 万英镑的企业"可获得救济,日本的规定是"破产时长期雇用的员工或长期勤务的员工数在 20 人以下的日本法人或在日本通过经营场所或事务所签订了保险合同的外国法人(包括不是法人的社团,对代表者或管理者有规定的财团)"可获得救济。2011 年,我国国家统计局、国家发展改革委、财政部联合制定了《关于印发中小企业划型标准规定的通知》(国统字〔2011〕75 号),该通知依据从业人员、营业收入、资产总额等指标或替代指标,将 15 个行业门类及社会工作行业大类的企业明确划分为大型、中型、小型、微型四种类型。但一方面企业划型标准需要相当准确公允的数据作为依据,在救济范围与标准数据分析阶段,获取企业投保人这类数据的难度较大,难以做确切的数据分析。另一方面,这一标准每年都会有所变化(通知中明确规定企业划分由政府综合统计部门根据统计年报每年确定一次),不利于救济范围确定的持续稳定性和科学性。我们不建议对大型企业保单持有人进行明确排除,但可以通过救济标准(救济额度)的合理设定,对中小微企业给予适当倾斜。

三、关于投资连结险、变额年金险是否排除的问题

投资连结险与投资基金相似,账户价值受单位净值影响,无保证收益。少数投资连结险提供额外的身故保障责任,保障成本定期从投资账户扣除。变额年金险与投资连结险类似,只是增加了最低利益保证(身故利益保证、满期利益保证)和年金化支付保证(最低年金给付保证、最低累积利益保证)。由于投资连结险有额外的身故保障,变额年金险有最低的年金化支付保证,因此排除这两类险种并不合适。可参考上述国家和地区的做法,以保险责任作为救济范围区分的依据,将投资连结险投资账户部分排除在救济范围之外,将保险产品中不保证收益的部分(或由投保人或被保人承担风险的部分)排除在外。

四、关于万能险是否排除的问题

万能型产品的每个保单都建立了独立的账户，账户价值通过每月公司公布的结算利率复利计息增值。万能型产品通常提供最低保证利率，结算利率上浮的部分是不保证的。万能型产品的现金收益通常由客户通过账户部分领取及退保来获得。近几年，我国部分寿险公司销售资产导向型万能产品，以相对较高的预期结算利率吸引客户大量投保及向账户不断交费，使得万能险账户余额累积超过1.4万亿元，对保险保障基金的救济形成了一定压力。但是，万能产品在我国兴起已有十余年，大部分公司销售的万能产品的结算利率处于合理区间。如果救济范围排除万能型产品，对这类的公司和客户显然不够公平。同时，考虑到国外不以产品类型，而以产品责任划分救济范围，且均未将万能险或万能险的账户价值排除在救济范围之外。从维护金融稳定的角度出发，我们建议仍将以万能险为代表的存款性质的产品纳入救济范围，可借鉴国外做法，以现金支取值、退保等责任对万能账户价值收益予以限制。

五、关于救济哪些保险产品责任的问题

我国寿险产品类型多样，产品责任纵横交叉情况较多，以险种作为救济范围划分依据显然不实际，以产品责任划分的可操作性更强。总体来看，我国寿险均可视为由"保障责任"和"资产积累"两部分组成。"保障责任"包括：保险事故责任，含身故给付、重疾给付、残疾给付、医疗给付（费用补偿）、长期护理给付等责任；生存责任，含生存给付、年金给付、持续奖金或教育金（生存给付的变种）等责任；满期责任，含满期给付、满期返还等。"资产积累"包括：现金价值、生存金累计生息账户、红利累计生息账户、保单账户价值（万能险账户价值、投连险独立账户价值、变额年金险独立账户价值）。从上述保险业发达国家和地区的经验来看，所有国家和地区都救济"保障责任"和"资产积累"中的现金价值（中国台湾、马来西亚以"退保价值"表示），但对于"资产积累"中的红利给付（包括累计生息的部分）和保单账户价值，各国和地区处理方式

有所不同。加拿大、中国台湾、马来西亚救济红利给付，加拿大、马来西亚救济保单账户价值（马来西亚排除了投连险的投资部分）。

根据国际通行做法和数据测算情况，建议非寿险救济范围与现行的救济范围保持一致；建议寿险救济范围排除投连险、变额年金险独立账户价值部分，独立账户价值部分的利益或损失由保单持有人承担。由于独立账户负债不纳入公司清算资产，排除这部分利益，符合相关法理和国际通行做法，符合我国金融行业救济实践，也有助于降低保险保障基金救济成本。

第二节 关于救济标准

一、建议提高保障类险种或保险责任的救济标准

各国和地区对强制险的救济比例均为100%，且不设上限，这符合救济范围与标准"保障民生"的基本原则，我国应予以借鉴。对关乎大众生产、生活基本利益的部分险种，如无投资功能的家财险、车险、责任险、农险、短期意外险、短期健康险等，也应当给予相对较高的救济比例，可选择90%~100%的比例不等，救济上限的设定应视保单数据分析结果，可设也可不设。对于救济范围内的其他险种，如货运险、船舶险、航空险、企财险等，由于法人机构投保比例相对较高，且风险保额通常较大，还存在大量再保情况，因此救济比例可相对较低，设定为80%~90%不等，救济上限需视保单数据分析结果得出。对于信用险、保证险及其他具有投资性质的险种（如部分公司销售的家财险），可设定更低的救济比例（如低于80%），救济上限也可视保单数据分析结果，给予相对较低的限额。精选方案中，对交强险的赔款和未到期保费全额救济，非投资型财产险业务以及身故、残疾、疾病、医疗、满期给付等保障责任的赔款覆盖率和保单覆盖率提高到甚至超过99%，救济覆盖率较非寿险和寿险现行方案均有大幅提升，同时公司整体救济成本的增加幅度不大。

二、建议适当降低投资类险种和保险责任的救济程度

精选方案提高了投资类财产险和现金价值、账户价值的保单救济的覆盖率,虽然降低了它们的赔款覆盖率,但显著减少了救济成本,非寿险精选方案可覆盖 B 类及以下公司,寿险精选方案 2 和方案 3 可覆盖 C 类及以下公司,能够覆盖行业中等规模公司风险,还可以缓解保障基金筹集的压力。

三、建议进一步提高寿险生存金给付救济标准

目前,生存金 5 万元/年/人[①]即可覆盖全国 99.24% 的保单,赔款覆盖率可达 99.15%,且与现行方案相比,救济成本提高幅度很小[②]。但这一标准低于加拿大[③]、马来西亚[④]、美国[⑤]、新加坡[⑥],且未来我国政府和人民对养老问题日益重视,商业养老保险将在个人养老方面发挥更大的作用,迎来更加广阔的发展空间,生存金的给付水平也将不断提高。因此,建议可将生存金给付(含生存金累积生息)的救济标准提高到 10 万元/年/人。

四、建议调整寿险保障基金的筹集费率水平

从测算结果看,虽然在精选方案下各类公司救济成本较现行方案有所下降,但仍无法覆盖 B 类(含)以上公司(精选方案 2 中 B 类公司救济成本比寿险保障基金余额多出 699 亿元)。可见,我国现有寿险保障基金难以承担较大规模公司的救济成本。建议适度提高寿险保障基金筹集费率水平,充实寿险保障基金余额,以最大限度保护消费者利益,维护金融稳定。

---

① 相当于 4167 元/月/人。
② A 类公司提高 4 亿元,B 类公司提高 5800 万元。
③ 2000 加元/月 ≈ 1.03 万元人民币/月。
④ 1 万林吉特/月 ≈ 1.64 万元人民币/月。
⑤ 美国为一次性领取,标准为 25 万美元,约合 167 万元人民币,相当于按 5 万元/年/人标准领取 33 年。
⑥ 新加坡为一次性领取,标准为 10 万新加坡元,约合 49.20 万元人民币,相当于按 5 万元/年/人标准领取 9 年。

五、免赔额（或最低受理额）是否设定的问题

美国 56 个州中有 18 个州的财产险保障基金救济设定了免赔额（或最低受理额），额度设定从 50 美元到 250 美元不等。但其他国家和地区均未设定免赔额。免赔额（或最低受理额）的设定主要是考虑过滤部分低保额业务，减轻救济工作压力，也可一定程度上降低保险保障基金的救济成本。但免赔额（或最低受理额）可能在一定程度上损害小额保单持有人的利益，因此不推荐单独使用。是否适用我国，需通过保单数据分析得出结论。

六、未到期保费救济标准的问题

对未到期保费进行救济主要是为了让保单持有人获得一定资金补偿，尽快购买新的保险保障，但这也容易给保险保障基金带来一定的现金流压力。因此有些国家和地区给予全额救济，如美国佛罗里达州、英国、新加坡为全额救济；美国纽约州设定了 100 万美元的救济上限；有些国家和地区设定了"比例+上限"的形式，对未到期保费给予较低的救济，如中国台湾设定了 40% 的救济比例，加拿大不但设定了 70% 的救济比例，还设定了 700 加元的救济上限；有些则采用了免赔额（或最低受理额）的形式，如美国加利福尼亚州设定了 100 美元的最低受理额。我国《保险法》和《保险保险保障基金管理办法》中均没有对保单持有人对未到期保费的求偿权进行明确说明，建议可借鉴国外成熟国家和地区的做法，在新的救济范围与标准中对未到期保费的救济进行明确。

七、关于退保的救济标准问题

退保主要是由于客户担心问题保险公司未来无法持续良好维护其保单，担心无法获得足额的收益而采取的避险行动，这是客户应当享有的基本权利，本来无可厚非。但在问题公司资产严重缩水或流动性严重不足的情况下，大量客户挤兑将不利于保险公司持续运营（Run Off）或得到流动性救助、并购重组后恢复财务状况，也容易引起社会动荡，为风险处置工

作和救济工作带来较大困难。上述国家和地区均对现金价值有明确的救济标准（尽管表述各有不同），且对现金价值的救济程度均相对较低，正是出于对退保产生的负面影响的考虑，希望通过对退保设定较低的救济标准，以限制客户退保。我国可借鉴这些国家的经验，在新的救济范围与标准中对现金价值给予相对较低的救济限额。

八、关于救济范围与标准的其他调整措施的问题

前面未提及的日本寿险保障基金，其对保单的救济程度是通过下调保单预定利率来体现的。具体方式为普通保单＝90%×保单准备金，高利率保单＝［90%－（破产前5年每年的利率与当年准备金利率差的合计）／2］×保单准备金。下调保单负债的方式使得保险客户与公司一同承担一部分破产（资产）损失，这能够促使客户在投保时更加谨慎选择保险公司，更倾向选择稳健经营、状况良好的保险公司，有效防范道德风险与行业内的恶性竞争。我国救济范围与标准也可考虑借鉴这种方式，作为救济标准的有效补充。

第三节　法规条文修订建议

现行《保险保障基金管理办法》第十九条规定：

保险公司被依法撤销或者依法实施破产，其清算财产不足以偿付保单利益的，保险保障基金按照下列规则对非人寿保险合同的保单持有人提供救助：

（一）保单持有人的损失在人民币5万元以内的部分，保险保障基金予以全额救助；

（二）保单持有人为个人的，对其损失超过人民币5万元的部分，保险保障基金的救助金额为超过部分金额的90%；保单持有人为机构的，对其损失超过人民币5万元的部分，保险保障基金的救助金额为超过部分金额的80%。

前款所称保单持有人的损失，是指保单持有人的保单利益与其从清算

财产中获得的清偿金额之间的差额。

根据国际研究和数据测算结果，建议将该条修改为：

保险公司被依法撤销或者宣告破产，其清算财产不足以偿付保单利益的，保险保障基金按照下列规则对保单持有人提供救济：

（一）强制性财产保险合同的损失和财产保险合同的未到期保费予以全额救济；

（二）其他财产保险合同的损失在人民币 100 万元以内的部分予以全额救济，超过 100 万元的部分，对个人保单持有人救济 90%，对机构保单持有人救济 80%；

（三）人身保险合同的身故、残疾、疾病、医疗、生存金、满期给付责任，保单利益在人民币 200 万元以内的部分予以全额救济，超过人民币 200 万元的部分，对个人保单持有人救济 90%，对机构保单持有人救济 80%；

（四）保险合同的现金价值（含红利累积生息），救济限额为人民币 50 万元；

（五）保险合同的账户价值，救济限额为人民币 30 万元。

前款所称保单持有人的损失，是指保单持有人的保单利益与其从清算财产中获得的清偿金额之间的差额。

现行《保险保障基金管理办法》第二十一条、第二十五条不做修订。